**GLAP A CHÂN**

Argraffiad cyntaf: Awst 1989
Ail-argraffiad: Hydref 1993

Hawlfraint y casgliad: Y Lolfa Cyf. 1989
Nodwyd hawlfreintiau'r caneuon wrth droed y
caneuon eu hunain.

Mae'n anghyfreithlon i lungopïo neu atgynhyrchu
mewn unrhyw fodd neu ddarlledu neu recordio'r
caneuon hyn heb ganiatâd blaen-llaw perchenogion
yr hawlfreintiau a berthyn i bob cân.

Rhif Llyfr Safonol Rhyngwladol: 0 86243 186 7

Clawr: Robat Gruffudd

Argraffwyd a chyhoeddwyd yng Nghymru
gan Y Lolfa Cyf., Talybont, Ceredigion SY24 5HE;
ffôn (0970) 832304, ffacs, 832782

# Mwy o GLAP A CHÂN I DDUW

## 92 o Emynau Modern

**Eddie Jones**
Geiriau

**Ann Morgan**
Golygydd Cerdd

y Lolfa

# Rhagair

Yn dilyn y croeso brwd a gafodd y gyfrol gyntaf, *Clap a Chân i Dduw* a gyhoeddwyd gan Y Lolfa yn 1983, doedd dim amdani ond ateb yr alwad am ragor o emynau tebyg. Gyda chymorth parod Miss Ann Morgan, athrawes gerdd Ysgol Rhydypennau, dyma'r ail gyfrol at eich gwasanaeth i foli Duw.

**Eddie Jones**
Dryslwyn
Bow Street
Dyfed

**NODYN**

Gwelir fod cyfle i ddefnyddio offerynnau gyda rhai o'r alawon. Gellir defnyddio recorder, ffliwt, obo, glocenspiel, barrau sain, seiloffôn a ffidlau. Os defnyddir offerynnau B♭, fel y clarinet a'r trwmped, dylid ysgrifennu'r rhan un dôn yn uwch.

*Cyflwynir y llyfr hwn*
*i Bethan, fy ngwraig,*
*gyda diolch am ei chefnogaeth a'i chymorth.*

# Cynnwys

| tudalen | | | | |
|---|---|---|---|---|
| | **DIOLCHGARWCH** | | **EWYLLYS DA** | |
| 8 | 1. Diolch Iôr | 86 | 46. Estyn dy law, fy ffrind |
| 11 | 2. Dewch, ymunwn | 88 | 47. Canwn gân am heddwch |
| 12 | 3. Rwy'n diolch, Dduw | 90 | 48. Byd sy'n llawn o hedd |
| 14 | 4. Mae'r Iesu yn caru | 91 | 49. Rhown gymorth |
| 15 | 5. Digon i bawb | 92 | 50. Casglu arian |
| 16 | 6. Dameg yr heuwr | 94 | 51. Byw mewn hedd |
| 18 | 7. Gŵyl Ddiolchgarwch | 95 | 52. Rhown fawl am Iesu |
| 20 | 8. Rhown ddiolch, Aleliwia | 98 | 53. Derbyn a rhannu |
| 22 | 9. Canwn heddiw glod | 100 | 54. Rhai sy'n dilyn Crist |
| 25 | 10. Rhown ddiolch am yr haul | 103 | 55. Pan fo angen cymydog |
| 26 | 11. Rhoi, rhoi, rhoi | 104 | 56. Caru'n cyd-ddyn methedig |
| 28 | 12. Dewch i ddiolch gyda ni | 106 | 57. Clyw ein cri |
| 30 | 13. Alelwia Iôr i Ti | 108 | 58. Down at ein gilydd |
| 32 | 14. O Arglwydd, diolchaf | 110 | 59. Cymer fy mywyd i |
| 35 | 15. Diolch i Dduw | 112 | 60. Dewch blant y gwledydd |
| 36 | 16. Miwsig natur | 114 | 61. Pwy? |
| 37 | 17. Ti biau'r ddaear | 116 | 62. Dangos cariad Duw |
| 38 | 18. Cynhaeaf y byd | 118 | 63. Pe bai gennyf forthwyl |
| 40 | 19. Diolch Dduw i Ti | 120 | 64. Teulu dyn |
| 42 | 20. Diolch Dduw | 121 | 65. Heddwch ar ddaear lawr |
| 43 | 21. I'n bwydo ni | | **CYFFREDINOL** |
| 44 | 22. Wedi hau y gwenith | 126 | 66. Pwy roddodd? |
| | **CAROLAU** | 128 | 67. Ein Nawddsant ni |
| 46 | 23. Cân y preseb | 131 | 68. Enwogion Cymru |
| 47 | 24. Cofiwn bob Nadolig | 132 | 69. Tyrd, Iesu Grist |
| 48 | 25. Weli di? | 134 | 70. Duw mawr pob gobaith |
| 50 | 26. Rhown glod, rhown fawl | 135 | 71. O ddydd i ddydd |
| 52 | 27. Mair a gafodd Faban | 136 | 72. Moli Brenin Nef |
| 53 | 28. Ganwyd Iesu 'Methlem | 137 | 73. Caru'r Iesu |
| 54 | 29. Y cyfrifiad | 138 | 74. Iesu sy'n rhoi ei gariad |
| 55 | 30. Brysia i Fethlehem | 140 | 75. Dwy fil o flynyddoedd |
| 56 | 31. Cân yr Angel | 142 | 76. Rhywun sy'n fwy |
| 57 | 32. Fy Mrenin i | 144 | 77. Molwch Dduw |
| 58 | 33. Dewch at y crud | 145 | 78. Dewch i foli |
| 60 | 34. Gweddi'r Nadolig | 146 | 79. Molwn, molwn |
| 63 | 35. O goeden hardd | 147 | 80. Tyrd am dro |
| 64 | 36. Cwsg Faban annwyl | 148 | 81. Un cam bychan |
| 66 | 37. Nid oes 'na le | 149 | 82. Plant bach Iesu Grist |
| 68 | 38. Pan oedd sêr uwchben | 150 | 83. Hedd, perffaith hedd |
| 70 | 39. Holdirio | 151 | 84. Rwy'n caru'r haul |
| 71 | 40. Gŵyl Nadolig yw hi | 152 | 85. Pwy sy'n caru? |
| 72 | 41. Croeso i'r Iesu | 155 | 86. Dewch i garu Iesu Grist |
| 74 | 42. Calypso'r Nadolig | 156 | 87. Iesu rhown glod i Ti |
| 76 | 43. Carol o'r Philippine | 158 | 88. Dewch i dŷ fy nhad |
| 78 | 44. Angylion glân a'u Gloria | 159 | 89. Curwch ddwylo |
| 82 | 45. Cwsg fy maban gwyn | 162 | 90. Molwn Ef am Gymru |
| | | 164 | 91. Codi tŷ |
| | | 166 | 92. Diolch am ein gwlad fach ni |

**Mynegai**

# Diolchgarwch

# 1. DIOLCH IÔR

*Pennill:*

C C/E G C Am
Di —— olch Iôr, Di — olch am gyn-
B7 Em C6 E/B Am G
hae — af llawn, Rhodd-aist yr haul a'r glaw i ni,
Am D G C
Dyg- odd y ddae — ar ffrwyth, Rhown nin —— nau'r
cresc. . . .
F6 G 1 2 3 C 4 C
clod nawr i Ti. Iôr.
(rall._ _ _ _ _ _)

2. Diolch Iôr,
   Diolch am ein cartref clyd,
   Tŷ llawn o gariad mam a thad.
   Hwy fu'n ein dysgu ni
   I garu'n hiaith, caru'n gwlad.

3. Diolch Iôr,
   Diolch am athrawon da,
   Sôn wnânt hwy am Iesu Grist.
   Dysgwn ei ddilyn Ef,
   Cysuro wnawn bawb sy'n drist.

4. Diolch Iôr,
   Diolch am dy gariad wnawn.
   Ti haedda'n mawl ar dir a môr,
   Rhoddaist dy unig Fab
   I'n caru ni. Diolch Iôr.

**HAWLFRAINT:**
**Geiriau:**         Eddie Jones
**Alaw:**            Lee Abbey Music Workshop
**Trefniant piano:** R Day + R Crooks
Cyhoeddwyd gyda chaniatâd Y Gymdeithas Feiblaidd Frytanaidd a Thramor 1980

# 2. DEWCH, YMUNWN

*Yn hapus*

Cytgan:

*Offeryn*

Dewch, ym-un-wn, can-wn fol-iant, Caw-som gar-iad Bre-nin Nef, Rhoi hap-us-rwydd mae'n feun-ydd-iol, Mo-li wnawn ei e-nw Ef. e — nw Ef

Pennill:

1. Di-olch wnawn am wlad mor bryd-ferth, Haul a glaw i'w gwneud yn ir, Di-olch wnawn am gar-tref hap-us, Mol-wn Ef ar fôr a thir.

    2. Cawsom lygaid clir i weled,
       Cawsom nerth i fynd a dod,
       Cawsom lais i ganu'n swynol,
       Molwn Ef drwy ganu'i glod.

    3. Molwn Ef mewn gair a gweithred,
       Molwn Ef am bopeth gawn,
       Molwn Ef drwy helpu eraill,
       Molwn Ef ym mhopeth wnawn.

**HAWLFRAINT:**
**Geiriau Saesneg:** Edna Bird
**Cyfieithiad:** Eddie Jones
**Alaw:** David Cooke
**Trefniant piano:** Douglas Coombes

Cyhoeddwyd gyda chaniatâd Lindsay Music

# 3. RWY'N DIOLCH, DDUW

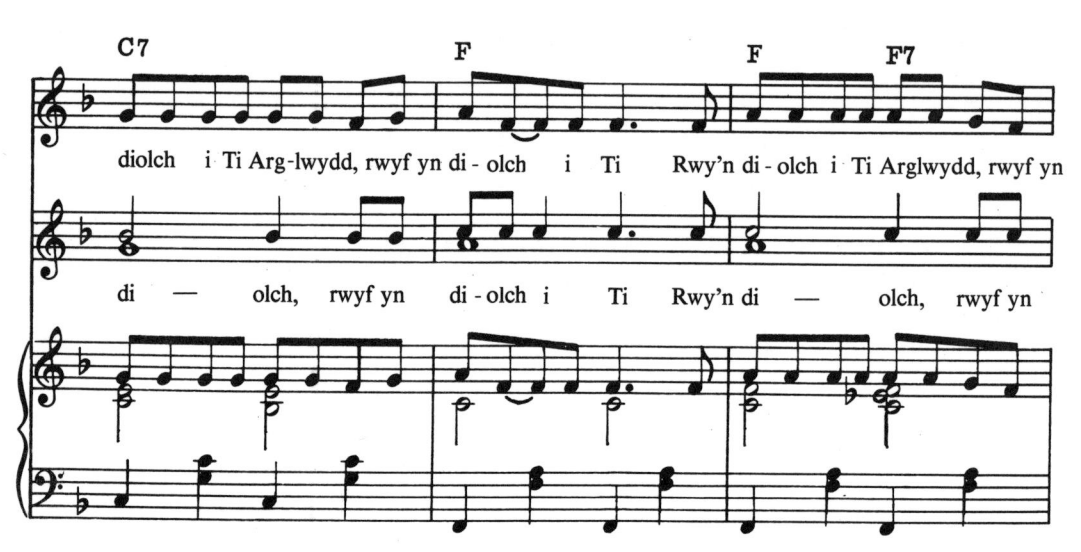

1. Rwyf heddiw'n rhoddi diolch am gael bywyd mor braf *(3)*
   Rwyf yn diolch, rwy'n diolch Dduw.

2. Rwy'n diolch am rieni sy'n fy ngwarchod bob dydd *(3)*
   Rwyf yn diolch, rwy'n diolch Dduw.

3. Rwy'n diolch am fy nghartref sy'n gysurus a chlyd *(3)*
   Rwyf yn diolch, rwy'n diolch Dduw.

4. Rwy'n diolch am fy ffrindie sy'n gwmpeini mor llon *(3)*
   Rwyf yn diolch, rwy'n diolch Dduw.

5. Rwy'n diolch am athrawon sy'n fy nysgu bob dydd *(3)*
   Rwyf yn diolch, rwy'n diolch Dduw.

6. Rwy'n diolch am yr Iesu sy'n fy ngharu o hyd *(3)*
   Rwyf yn diolch, rwy'n diolch Dduw.

**HAWLFRAINT:**
**Geiriau:** Eddie Jones
**Alaw:** Tony Rousell
**Trefniant piano:** Tony Rousell
Cyhoeddwyd gyda chaniatâd Basil Blackwell Ltd

# 4. MAE'R IESU YN CARU

*Yn llawen*

*Cytgan*

O rhown ddi-olch i Dduw, O rhown ddi-olch i Dduw, O rhown ddi-olch i Dduw Am an-fon Ie-su Grist i'r byd i'n ca-ru ni. *Pennill Fine*

Mae'r Ie-su yn ca-ru pob bach-gen a merch, Mae'r Ie-su yn ca-ru pob bach-gen a merch, Mae'r Ie-su yn ca-ru pob bach-gen a merch, A go-fyn he-ddiw mae i ni eu ca-ru hwy.

2. Mae'r Iesu yn caru y deillion i gyd *(3)*
A gofyn heddiw mae i ni eu caru hwy.

3. Mae'r Iesu yn caru y byddar a'r mud *(3)*
A gofyn heddiw mae i ni eu caru hwy.

4. Mae'r Iesu yn caru'r diniwed a'r claf *(3)*
A gofyn heddiw mae i ni eu caru hwy.

5. Mae'r Iesu yn caru pob plentyn drwy'r byd *(3)*
A gofyn heddiw mae i ni eu caru hwy.

**HAWLFRAINT:**
**Geiriau:** Eddie Jones
**Alaw:** Anhysbys
**Trefniant piano:** Ann Morgan

# 5. DIGON I BAWB

2. **Y bwyd sy'n tyfu ynddi hi**

3. **Adnoddau crai ein daear ni**

4. **Bob peth sydd eisiau arnom ni**

**HAWLFRAINT:**
**Geiriau:** Eddie Jones
**Alaw:** Hazel Baker (Pamffled Cymorth Cristnogol 1985)
**Trefniant piano:** Ann Morgan

Cyhoeddwyd gyda chaniatâd Cymorth Cristnogol

# 6. DAMEG YR HEUWR

*Rhagarweiniad hyd at bennill 5*

Yr heu-wr aeth a—llan i hau ei had, Yr heu—wr aeth a—llan i hau ei had, Yr heu-wr aeth a—llan i hau ei had A dy-ma'r hyn ddi-gwy————ddodd. Ei gôd oedd yn llawn o ro-nyn—nau byw, Ei gôd oedd yn llawn o ro-nyn—nau byw, Ei gôd oedd yn llawn o ro-nyn—nau byw Ac yn—tau yn eu gwa-sgar.

**HAWLFRAINT:**
**Geiriau:** Eddie Jones
**Alaw:** Ann Morgan
**Trefniant piano:** Ann Morgan

*Pennill olaf (6)*

Gwran — dewch bawb y dda-meg sydd ge — nnym ni, — Mae'r Ie — su yn go-fyn sut dir rowch chi, — Y ffordd neu y graig neu y drain di - ri — Neu ffrwy — thlon dir i'w ei — riau.

2. Fe syrthiodd rhai hadau ar fin y ffordd *(3)*
   Lle nad oedd pridd i'w cuddio.
   Yr adar a ddaethant a'u gweled hwy *(3)*
   A'u bwyta i gyd yn sydyn.

3. Ar dir oedd yn greigiog y cwympodd rhai *(3)*
   A dechreuasant dyfu.
   Ond pan ddaeth yr haul i dywynnu'n gryf *(3)*
   Gwywasant hwy a marw.

4. Fe gwympodd rhai eraill i ganol drain *(3)*
   A thyfu yn eu cysgod.
   Fe dyfodd y drain yn rhai trwchus, cryf *(3)*
   A'r ŷd a dagwyd ganddynt.

5. Peth arall a syrthiodd mewn ffrwythlon dir *(3)*
   A dygodd ffrwythau aeddfed.
   Roedd rhai tywysennau yn bendrwm iawn,
   Roedd rhai gyda chant o ronynnau llawn,
   A rhai â thri-ugain o felyn rawn,
   Ac arall ddeg-ar-hugain.

# 7. GŴYL DDIOLCHGARWCH

*Yn llon*

Gŵyl Ddi-olch-gar-wch sydd ger ein bron, Di-olch wnawn ni y flwy-ddyn hon, Caw-som ein bwyd, ys-gu-

2. Gŵyl Ddiolchgarwch lawen yw hon,
   Diolch wnawn ni i gyd yn llon,
   Cawsom ein rhan o'r cynhaeaf yn rhad,
   Derbyn ddiolch dy blant, rhoi yn hael wnest i'n gwlad.

3. Gŵyl Ddiolchgarwch—codwn ein llef,
   Unwn heddiw i'w foli Ef,
   Rhoi mae'n ddi-baid o'i ddarpariaeth i'r byd,
   Nid oes derfyn i'w ras, dal i roi mae o hyd.

4. Gŵyl Ddiolchgarwch ddathlwn yn llon,
   Cawsom ddigon drwy'r flwyddyn hon,
   Derbyn ein mawl yw ein gweddi i gyd,
   Dysgwn rannu yn hael i'r anghenus drwy'r byd.

**HAWLFRAINT:**
**Geiriau:** Eddie Jones
**Alaw:** G + H Cole
**Trefniant piano:** Beatrice Harrop

# 8. RHOWN DDIOLCH, ALELIWIA

Am gar - iad Duw drwy'r flwy-ddyn ar ei hyd, A'i rodd - ion hael i'r gwled-ydd drwy y byd, Rhown ddi - olch, di - olch dd'wed-wn ni i gyd, A-le-lw-ia, A-le-lw-ia, A-le-lw-ia, A-le-

2. Am hwyl a hoen plentyndod hapus, ffri,
   Am iechyd corff a meddwl, gwrando'n cri,
   Rhown ddiolch, diolch, dyna dd'wedwn ni,
   Alelwia...

4. Am Iesu Grist, ein Harglwydd, llawenhawn,
   Ei ddilyn Ef wna'n bywyd ni yn llawn,
   Rhown ddiolch, diolch heddiw yma wnawn.
   Alelwia...

3. Am obaith ffyddiog i'r dyfodol draw,
   A thyfu'n gryf wrth gydio yn dy law,
   Rhown ddiolch, diolch dd'wedwn am a ddaw,
   Alelwia...

**HAWLFRAINT:**
**Geiriau Saesneg:** L I Egerton Smith
**Cyfieithiad:** Eddie Jones
**Alaw:** John Whitworth
**Trefniant piano:** John Whitworth

Cyhoeddwyd gyda chaniatâd Leicestershire County Council

# 9. CANWN HEDDIW GLOD

maf-on, mef-us, Grawn-win du a gwyrdd ac eir-in Mair,

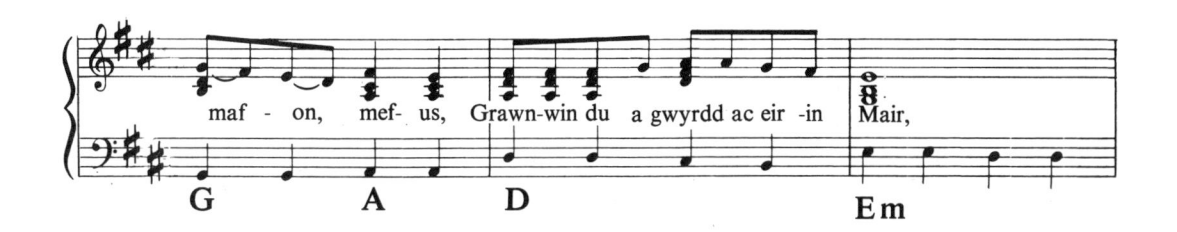

G  A  D  Em

Fal-au coch a mwy-ar mel-ys. Rhown ddi-olch am ddant-eith-ion hael i'n

A  D

ca-dw'n fyw, Can-wn hedd-iw glod i'n Harg-lwydd

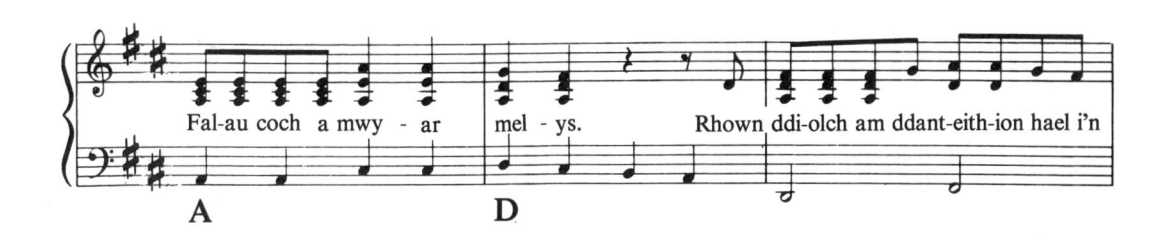

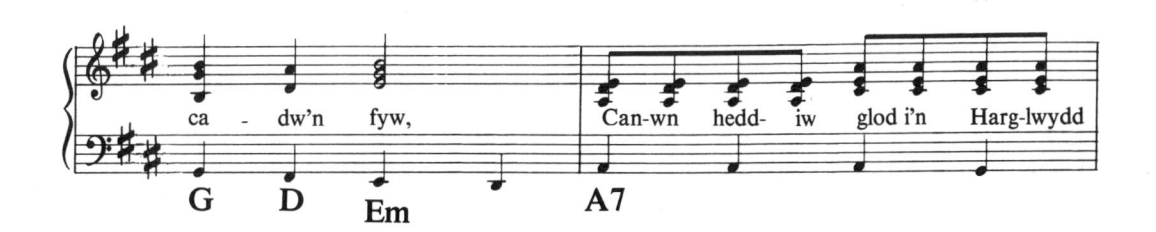

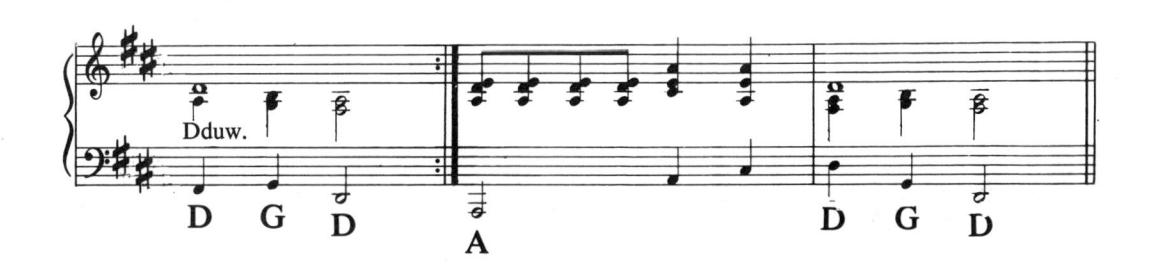

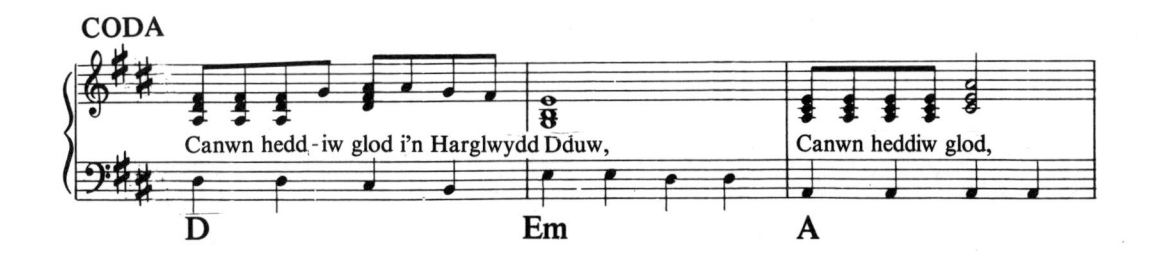

G  D  Em  A7

Dduw.

D  G  D  A  D  G  D

**CODA**

Canwn hedd-iw glod i'n Harglwydd Dduw, Canwn heddiw glod,

D  Em  A

canwn hedd-iw glod, Canwn hedd-iw glod i'n Harg lwydd.

2. Canwn heddiw glod i'n Harglwydd Dduw,
   Ef sy'n rhoi yn hael i ni;
   Fe roddodd dwf i'r pridd, cawsom lysiau da,
   Canwn heddiw lawen glod i Ti.
   Am datws, moron cochion, sbrowts a phersli,
   Blodfresych gwyn, rhes o bys a betys,
   Panas, riwbob, rhesi hir o ffa,
   Bresych gwyrddion braf a letus.
   Rhown ddiolch am ddanteithion hael i'n cadw'n fyw,
   Canwn heddiw glod i'n Harglwydd Dduw.

**HAWLFRAINT:**
**Geiriau:** Eddie Jones
**Alaw:** P Lewis
**Trefniant piano:** R Day + R Crooks
Cyhoeddwyd gyda chaniatâd Y Gymdeithas Feiblaidd Frytanaidd a Thramor 1980

# 10. RHOWN DDIOLCH AM YR HAUL

*Glocenspiel/Barrau Sain*

1. Rhown ddi-olch am yr haul
Sy'n t'wyn-nu ar-nom ni,
Gan ro-ddi ie-chyd,
nerth a hoen, Rhown ddi-olch am yr haul.

2. Rhown ddiolch am y glaw
   Sy'n disgyn arnom ni,
   Gan roddi iechyd, nerth a hoen,
   Rhown ddiolch am y glaw.

3. Rhown ddiolch am y bwyd
   Sy'n dod i'n byrddau ni,
   Gan roddi iechyd, nerth a hoen,
   Rhown ddiolch am y bwyd.

4. Rhown ddiolch i Ti, Dduw
   Sy'n gwarchod drosom ni,
   Am roddi iechyd, nerth a hoen,
   Rhown ddiolch i Ti, Dduw.

**HAWLFRAINT:**
| | |
|---|---|
| **Geiriau Saesneg:** | A M Pullen |
| **Addasiad Cymraeg:** | Eddie Jones |
| **Alaw:** | Hen alaw Saesneg |
| **Trefniant piano:** | A + C Black |

# 11. RHOI, RHOI, RHOI

*Yn feddylgar*

Pennill:

1. A gef-aist ddi-gon o fwyd y flwy-ddyn hon? A yw'th 'sgu-bor-iau yn llawn i'r nen-fwd bron? Oes gen ti or-mod, oes gen ti stôr ddi-ri? Cof-ia

**HAWLFRAINT:**
**Geiriau:** Eddie Jones
**Alaw:** C R Vaughan
**Trefniant piano:** R Day + R Crooks
Cyhoeddwyd gyda chaniatâd Y Gymdeithas Feiblaidd Frytanaidd a Thramor 1980

*Cytgan:* *Yn fywiog*

di mai Duw sy'n ei roi i ni. Rhoi, rhoi, rhoi i'r ang-hen-us wnawn, Rhoi, rhoi, rhoi o'r di-gon-edd gawn, Dy-na sut di-olch-wn ni i Dduw Am i-ddo roi, rhoi rhoi i bob un gael byw.

2. Wyt ti'n hunanol yn hawlio'r bwyd i gyd?
   Wyt ti'n crafangu am fwy na'th ran o hyd?
   Wyt ti yn ysu am gyfran dau neu dri?
   Cofia di mai Duw sy'n ei roi i ni.

3. Nid trechaf treisied sy'n dod â hedd i'r byd,
   Nid gwanaf gwaedded a ddaw â phawb ynghyd,
   Rhaid i ti rannu a gwrando ar bob cri,
   Cofia di mai Duw sy'n ei roi i ni.

4. Os wyt am degwch a'r cryf yn helpu'r gwan,
   Os wyt am heddwch a phawb yn gwneud eu rhan,
   Mae hedd a chariad yr Iesu nawr i ti,
   Cofia di mai Duw sy'n eu rhoi i ni.

# 12. DEWCH I DDIOLCH GYDA NI

*Cytgan:*

Dewch i ddi-olch gy-da ni hedd-iw, Dewch i ddi-olch gy-da ni.

Di-olch Arg-lwydd am dy hael-io-ni, Rhoi ein di-olch wnawn i Ti.

**HAWLFRAINT:**
**Geiriau:** Eddie Jones
**Alaw:** L J Isgrove
**Trefniant piano:** R Day + R Crooks
Cyhoeddir gyda chaniatâd Y Gymdeithas Feiblaidd Frytanaidd a Thramor 1980

2. Diolch am ddillad i'n cadw'n gynnes,
   Dillad lliwgar, smart a drud,
   Gwlân a chotwm, neilon a sidan
   Ddaw yma i Gymru o wledydd y byd.

3. Diolch am lu o gyfeillion hapus,
   Ffrindiau ffein sy'n dod ynghyd,
   Rhai o Ffrainc a Sbaen ac o Norwy,
   Ddaw yma i Gymru o wledydd y byd.

4. Diolch i Ti am gael gwlad heddychlon,
   Caru pawb wnawn ni i gyd,
   Diolch am y Neges o Heddwch
   Anfonir o Gymru i wledydd y byd.

# 13. ALELWIA IÔR I TI

*Cytgan:*

A - le - lw - ia Iôr i Ti, A - le - lw - ia Iôr,

Der - byn Di ein di-olch ni, A - le - lw - ia Iôr.

*Pennill:*

1. Di - olch rodd - wn hedd - iw Am y bwyd i'n cyn - nal ni,

**HAWLFRAINT:**
**Geiriau:** Eddie Jones
**Alaw:** Tony Rousell
**Trefniant piano:** Tony Rousell
Cyhoeddwyd gyda chaniatâd Basil Blackwell Ltd

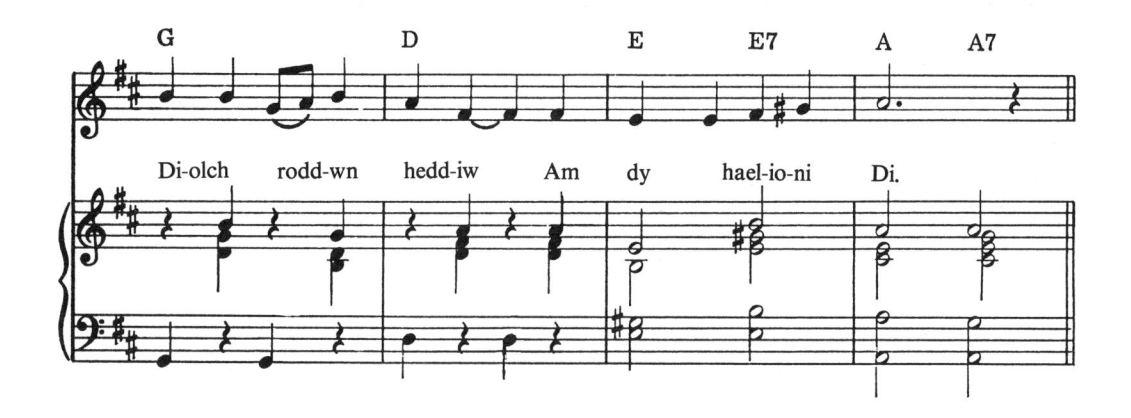

2. Derbyn Di ein diolch
   Am yr haul a'r glaw a'r grawn,
   Derbyn Di ein diolch
   Am ysguboriau llawn.

3. Rhown ein diolch iti
   Am y llysiau ddaeth o'r ardd,
   Rhown ein diolch i ti
   Am flodau lliwgar, hardd.

4. Diolch i Ti Arglwydd
   Am y ffrwythau gawn o hyd,
   Diolch i Ti Arglwydd
   Am ffrwythlon goed y byd.

5. Diolch, Arglwydd, diolch,
   Derbyn Di ein diolch ni,
   Diolch, Arglwydd, diolch,
   Rhown ddiolch nawr i Ti.

# 14. O ARGLWYDD, DIOLCHAF

*Yn hapus a bywiog*

♩ = tua 120

Diolchaf, O Dduw am iechyd a hoen, Am gorff sydd yn gryf, yn iach a diboen. Rhai da yw fy nghoesau am fynd ar daith, A'm dwylo a'm bysedd am wneud eu gwaith.

**HAWLFRAINT:**
**Geiriau:** Eddie Jones
**Alaw:** Ann Morgan
**Trefniant piano:** Ann Morgan

Yn sionc
D G G7 C
mf
Fe a - llaf fi nei - dio ar ys-gafn droed
E7 Am D7 G
f
A sgi - pio a dawn - sio a dri - ngo coed. Mae
B Em B Em
mf
'mrei - chiau i'n gryf I ga - rio pob dim, A'm
A A7 D A D D7
by - sedd a'm bawd Yn y - stwyth a chwim. O Ar - glwydd di-
G G7 C Cm
f
- ol - chaf, di - ol - chaf i Ti Am gorff ddaw a

lla - wer  o ble - ser i mi.  mi.

O Ar - glwydd di - ol - chaf  fod corff iach gen i

A cha - lon sy'n ba - rod  i a - teb eu cri.

2. Pum synnwyr sydd im, rhai cywrain, O Dad,
   Dwy lygad i weld mor hardd yw ein gwlad.
   Fy nghlustiau sy'n clywed pob sŵn a chri
   Sy'n dod â llawenydd i'm bywyd i.
   Fy nhafod all flasu holl lysiau'r ardd,
   A'm ffroenau sy'n sawru y blodau hardd.
   Gwefusau a llaw a deimla yr hud
   Sy'n dod pan mae serch yn llanw fy myd.
   O Arglwydd diolchaf, diolchaf i Ti
   Am wyrth y synhwyrau sy'n perthyn i mi.

3. Ond diolch, O Dduw, yn bennaf i Ti
   Am gariad sy'n dod i'm calon fach i.
   Pan welaf drueni bywydau rhai
   Sy'n gaeth i'w cadeiriau, sy'n gaeth i'w tai,
   Eu cyrff a'u synhwyrau yn wan a brau,
   Mae nghalon i'n barod i drugarhau
   A chynnig help llaw a wnaf iddynt hwy,
   I geisio mwynhau eu bywyd yn fwy.
   O Arglwydd diolchaf, diolchaf i Ti
   Am galon sy'n barod i ateb eu cri.

## 15. DIOLCH I DDUW

Am ei roddion yn y cread, di-olch i Dduw,
Am bob gwlad a phob gwa-rei-ddiad, di-olch i Dduw,
Am a-re-dig, hau a me-di, Twf y ddae-ar tra rwy'n cy-sgu,
Am gy-nha-liaeth dda y-fo-ry, di-olch i Dduw.

2. O'r digonedd gawn bob blwyddyn, gwnawn 'wyllys Duw,
   Cynorthwyo wnawn ein cyd-ddyn, gwnawn 'wyllys Duw,
   Yn yr angen mawr i helpu
   Rhai newynog sy'n pryderu,
   O'n cynhaeaf gallwn rannu, gwnawn 'wyllys Duw.

3. Am gael medi'n hael o'i Ysbryd, diolch i Dduw,
   Am y da a etifeddwyd, diolch i Dduw,
   Am ryfeddod sy'n ein synnu,
   Am wirionedd sy'n ein dysgu,
   Am y cariad roddodd i ni, diolch i Dduw.

**HAWLFRAINT:**
**Geiriau:** Eddie Jones
**Alaw:** Ann Morgan
**Trefniant piano:** Ann Morgan

# 16. MIWSIG NATUR

Rhoi di-olch wnawn am glu-stiau glyw Holl sy-nau na-tur swy-nol Duw.

*Cytgan*

Cân a-dar bach o'r ne-foedd glir A-tsei-nio wna dros fôr a thir. Mae miw-sig na-tur gwyr-thiol Duw Yn rhoi mwyn-had i bo-peth byw, Ac os gwran-dewch fe glywch yn glir Fod llais ein Duw drwy'r tir. -llais ein Duw drwy'r tir.

2. Y gwenyn sydd yn suo'n braf
   Tra'n casglu'r paill o flodau'r haf
   Daw murmur nant a rhu y môr,
   A chŵyn y gwynt i foli'r Iôr.

3. Daw bref y fuwch a'r defaid mân,
   Gweryriad ebol, crawc y frân,
   Ond fe all dyn roi gweddi daer,
   Neu gân o fawl i Fab y Saer.

4. Rhoi diolch wnawn am glustiau glyw
   Holl synau natur swynol Duw,
   A chodi llef mewn cân yn awr
   I ddiolch wnawn i'r Crewr Mawr.

**HAWLFRAINT:**
**Geiriau:** Eddie Jones
**Alaw:** Ann Morgan
**Trefniant piano:** Ann Morgan

36

# 17. TI BIAU'R DDAEAR

*Yn dyner*
*Offeryn*

[Sheet music with lyrics: Ti bi-au'r ddae-ar werdd, Â glaw y mwyd-aist hi, Y nant a'r af-on li-fa'n rhwydd, O'r tir daw bwyd i ni. / nos.]

2. Ti biau'r pridd, O Dduw,
   A'r egin grawn a dyf,
   Aeddfeda yn y heulwen glir
   'Rôl tyfu'n dal a chryf.

3. Mae'r bryniau yn dy law,
   A'r gwair, mor wyrdd ac ir
   I fwydo'r anifeiliaid lu
   A grwydrant dros y tir.

4. Ti biau'r tir i gyd,
   Pob dôl a gwaun a rhos,
   Am law a haul a phridd a grawn
   Diolchwn ddydd a nos.

**HAWLFRAINT:**
**Geiriau Saesneg:** M Saward
**Cyfieithiad:** Eddie Jones
**Alaw:** B + S Dunnig
**Trefniant piano:** Douglas Coombes
Cyhoeddwyd gyda chaniatâd Jubilate Hymns

# 18. CYNHAEAF Y BYD

1. Dyna braf yw eistedd wrth y byrddau
Sydd yn llawn danteithion o bob gwlad.
Wedi dod i'n bwrdd o bob man,
Cnydau'r byd sy'n rhoi mwynhad.

*Cytgan:*
Am dy hael gynhaeaf rhoddwn fawl, O Dduw, i Ti,

*Am dy hael gyn-hae—af hedd-iw der-byn ddi-olch,*
*Der-byn ddi-olch, hedd-iw, der-byn ddi-olch gen-nym ni.*

2. Gwenith gwyn o Ganada mewn torthau,
   Yfwn de a ddaeth o'r India bell,
   Bacwn coch sy'n dod o Ddenmarc,
   Am roi blas does dim yn well.

3. Creision ddaw o baithdir yr Amerig,
   Yn Jameica tyf y siwgr gwyn,
   Coco brown o goed yn Ghana,
   Gwin o Ffrainc i bawb â'i myn.

4. Daw cig oen o bellter Seland Newydd,
   O Brasil daw cnau a choffi du,
   Cyrri poeth a sbeis o'r India
   Datus ffein o'r Aifft yn llu.

5. Pwdin reis o gaeau padi China,
   Pysgod braf o barthau Gwlad yr Iâ,
   A daw caws o'r Ffrainc a'r Swisdir,
   Grawnwin sych o Groeg bob ha'.

6. Wynwns pêr a ddaeth ar raff o Lydaw,
   Selsig ddaw o'r Almaen i wneud pryd,
   Israel sydd yn rhoi'r orennau,
   At ein bwrdd daw cnydau'r byd.

**HAWLFRAINT:**
**Geiriau:** Eddie Jones
**Alaw:** Tony Rousell
**Trefniant piano:** Tony Rousell
Cyhoeddwyd gyda chaniatâd Basil Blackwell Ltd

# 19. DIOLCH DDUW I TI

Di—olch i Ti O Ar—glwydd Dduw
Am— y ple-ser o fod— yn fyw,
Am— roi byd sydd mor hardd— i ni, O
di—olch, Dduw, i Ti.

2. Diolch wnawn am y dolydd ir,
   Coed y meysydd a ffrwythlon dir
   Sydd yn rhoddi ein bwyd i ni.
   O diolch, Dduw, i Ti.

3. Dringo'r mynydd a nofio'r don
   Ddaw â phleser i'r iach a'r llon,
   Am bob mwyniant a gawsom ni
   O diolch, Dduw, i Ti.

4. Diolch wnawn am ddoethineb sy'n
   Gwella cyflwr y byd i ddyn,
   Am bob dyfais, dywedwn ni
   O diolch, Dduw, i Ti.

5. Rhown ein bywyd yn llaw ein Duw,
   Gweithiwn drosto tra byddwn byw,
   Ac heb dewi dywedwn ni
   O diolch, Dduw, i Ti.

**HAWLFRAINT:**
**Geiriau:** Eddie Jones
**Alaw:** Anhysbys
**Trefniant piano:** Ann Morgan

# 20. DIOLCH DDUW

*Yn sionc*

*Offeryn*

1. Di-olch Dduw am haul uwch-ben, Di-olch Dduw am sêr y nen, Di-olch Dduw am leu-ad wen, Di-olch wnawn i Ti.

2. Diolch Dduw am wlad a thref,
   Diolch Dduw am ddae'r a nef,
   Diolch Dduw yn llon ein llef,
   Diolch wnawn i Ti.

3. Diolch Dduw am roddion rhad,
   Diolch Dduw am bob mwynhad,
   Diolch Dduw am Gymru'n gwlad,
   Diolch wnawn i ti.

4. Diolch Dduw am bopeth gawn,
   Diolch Dduw am fywyd llawn,
   Diolch Dduw dy foli wnawn,
   Diolch wnawn i Ti.

5. Diolch Dduw am gartref clyd,
   Diolch Dduw am greu y byd,
   Diolch Dduw yw'n cri o hyd,
   Diolch wnawn i Ti.

**HAWLFRAINT:**
**Geiriau:** Eddie Jones
**Alaw:** Diane Andrew
**Trefniant piano:** Douglas Coombes
Cyhoeddwyd gyda chaniatâd Lindsay Music

# 21. I'N BWYDO NI

Y ffer-mwr sydd yn gwas-gar yr hâd, Gwas-gar yr hâd, gwas-gar yr hâd, Y ffer-mwr sydd yn gwas-gar yr hâd, Gwas-gar i'n bwy-do ni.

2. Mae Duw yn anfon heulwen a glaw,
   Heulwen a glaw, heulwen a glaw,
   Mae Duw yn anfon heulwen a glaw,
   Anfon i'n bwydo ni.

3. Mae'r egin gwyrdd yn gwthio drwy'r pridd,
   Gwthio drwy'r pridd, gwthio drwy'r pridd,
   Mae'r egin gwyrdd yn gwthio drwy'r pridd,
   Gwthio i'n bwydo ni.

4. Mae'r cae yn awr yn felyn fel aur,
   Melyn fel aur, melyn fel aur,
   Mae'r cae yn awr yn felyn fel aur,
   Aeddfed i'n bwydo ni.

5. Rhoi diolch wnawn i Dduw sy' mor hael,
   Duw sy' mor hael, Duw sy' mor hael,
   Rhoi diolch wnawn i Dduw sy' mor hael,
   Darpar i'n bwydo ni.

**HAWLFRAINT:**
**Geiriau:** C Hardie
**Addasiad Cymraeg:** Eddie Jones
**Alaw:** Traddodiadol
**Trefniant piano:** Ann Morgan

## 22. WEDI HAU Y GWENITH

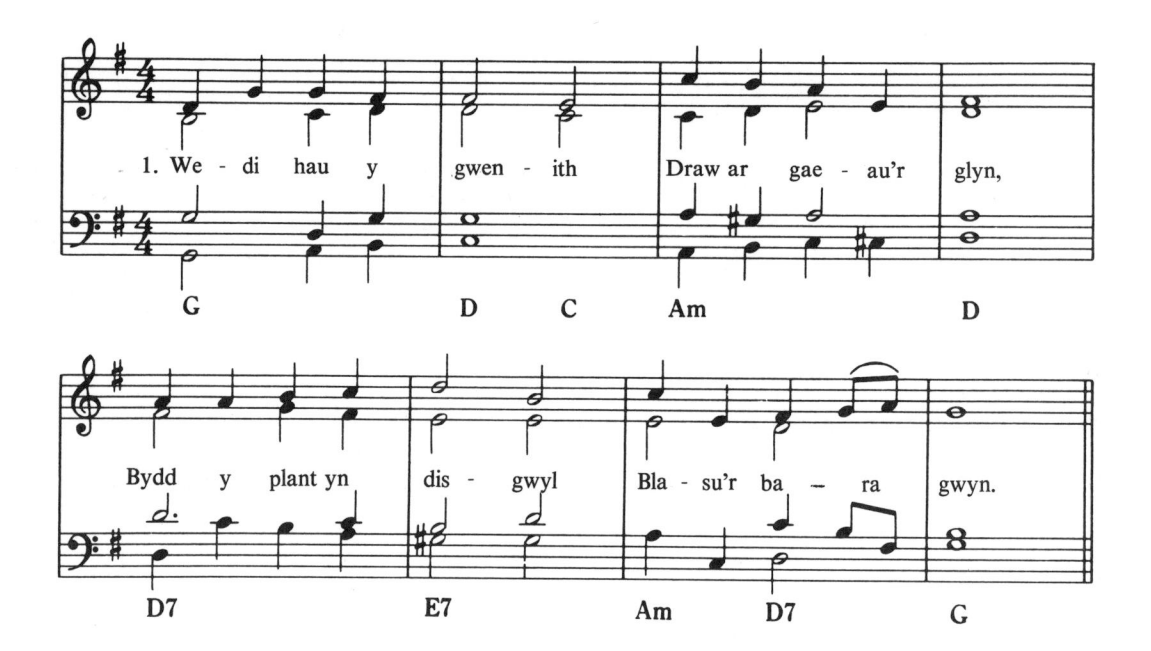

1. Wedi hau y gwenith
   Draw ar gae-au'r glyn,
   Bydd y plant yn disgwyl
   Blasu'r bara gwyn.

2. Duw rydd haul a chawod,
   Mwydo dôl a bryn,
   Tyfu wna bob gronyn,
   Cawn ein bara gwyn.

3. Casglu y cynhaeaf,
   Dyrnu wedi hyn,
   Llanw'r ysguboriau,
   Grawn wna fara gwyn.

4. Cludo draw i'r felin,
   Pobi wedi hyn,
   Taenu menyn drosto,
   Bwyta'r bara gwyn.

**HAWLFRAINT:**
**Geiriau:** Eddie Jones
**Alaw:** A H Mann
**Trefniant piano:** A + C Black

# Carolau

# 23. CÂN Y PRESEB

*Yn llyfn a swynol*

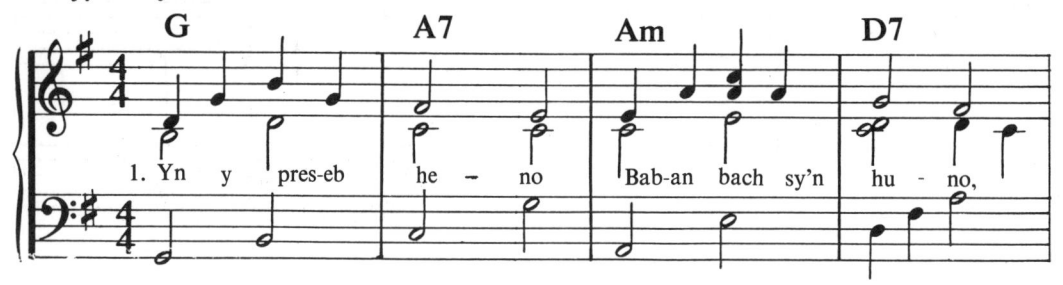

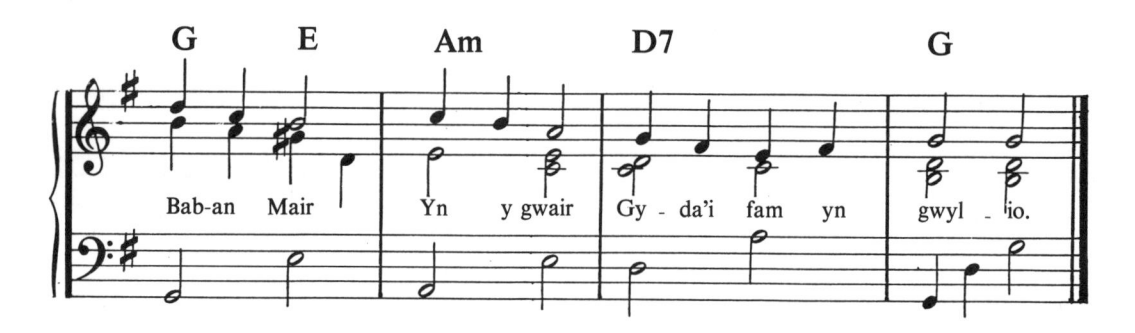

1. Yn y preseb heno
Baban bach sy'n huno,
Baban Mair
Yn y gwair
Gyda'i fam yn gwylio.

2. Sêr y nef yn gwenu,
   Fry uwchben yn taenu
   Golau clir
   Dros y tir,
   Gan oleuo'r llety.

3. Engyl nef yn canu,
   Moli'r Baban Iesu,
   Dewch yn llon
   Ger ei fron,
   Dewch i orfoleddu.

4. Bugail tlawd neu frenin,
   Bonedd balch neu'r werin,
   Dewch ynghyd
   Wrth y crud,
   Dewch i gyd i'w ddilyn.

**HAWLFRAINT:**
**Geiriau:** Eddie Jones
**Alaw:** Ann Morgan
**Trefniant piano:** Ann Morgan

## 24. COFIWN BOB NADOLIG

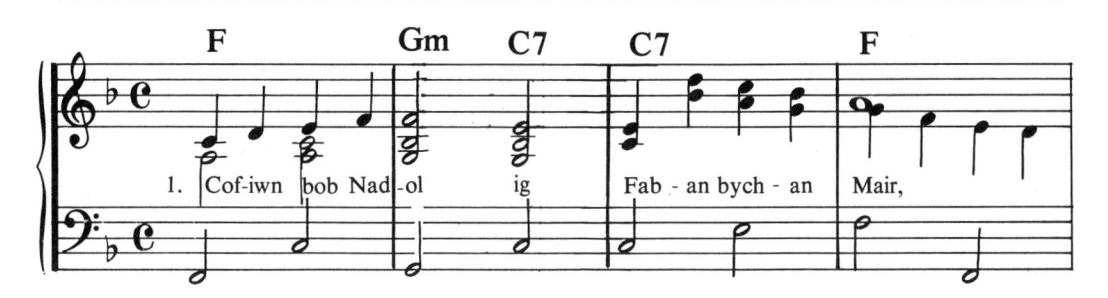

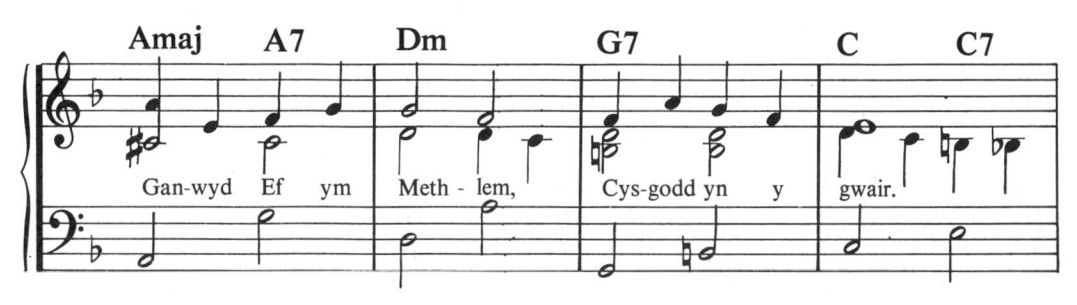

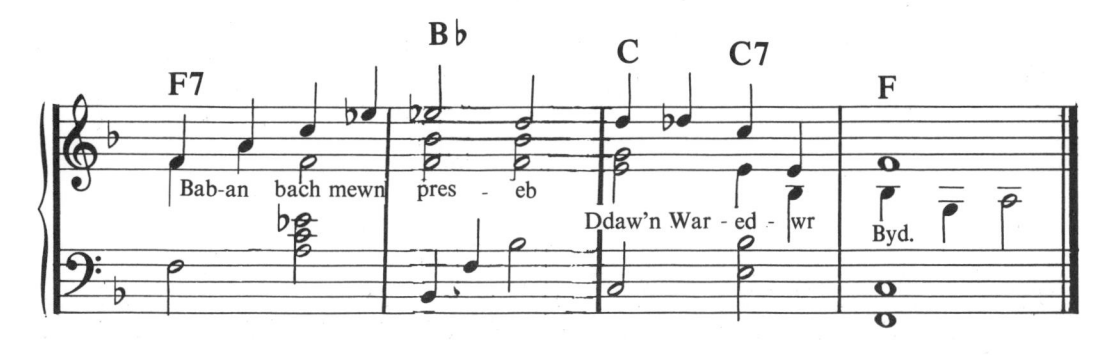

1. Cof-iwn bob Nad-ol-ig Fab-an bych-an Mair,
Gan-wyd Ef ym Meth-lem, Cys-godd yn y gwair.

*Cytgan:*
Dewch i fo-li'r Ie-su, Brys-iwch at ei grud,
Bab-an bach mewn pres-eb Ddaw'n War-ed-wr Byd.

2. Iesu yw ei enw,
   Daeth i lawr o'r nef,
   Canod yr angylion
   Garol iddo Ef.

3. Daeth bugeiliaid Bethlem
   Ato yn ei grud,
   Doethion dri o'r dwyrain
   Ddaeth â rhoddion drud.

4. Canwn ninnau heddiw
   Garol iddo Ef,
   Awn i foli'n llawen
   Iesu, Frenin Nef.

**HAWLFRAINT:**
**Geiriau:** Eddie Jones
**Alaw:** Ann Morgan
**Trefniant piano:** Ann Morgan

# 25. WELI DI?

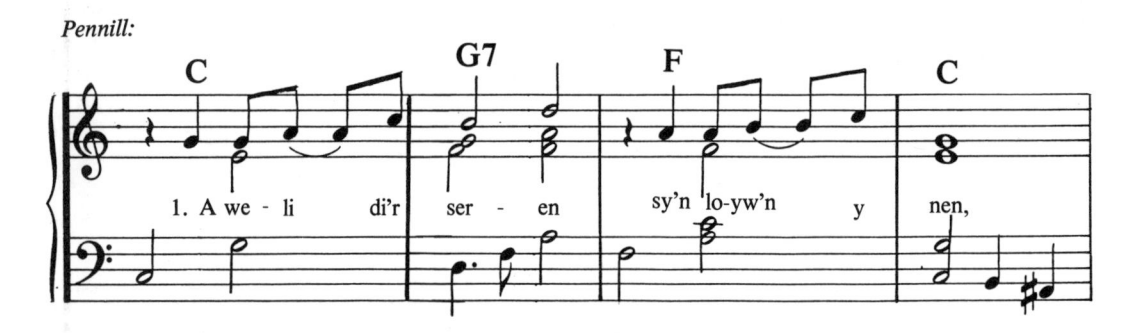

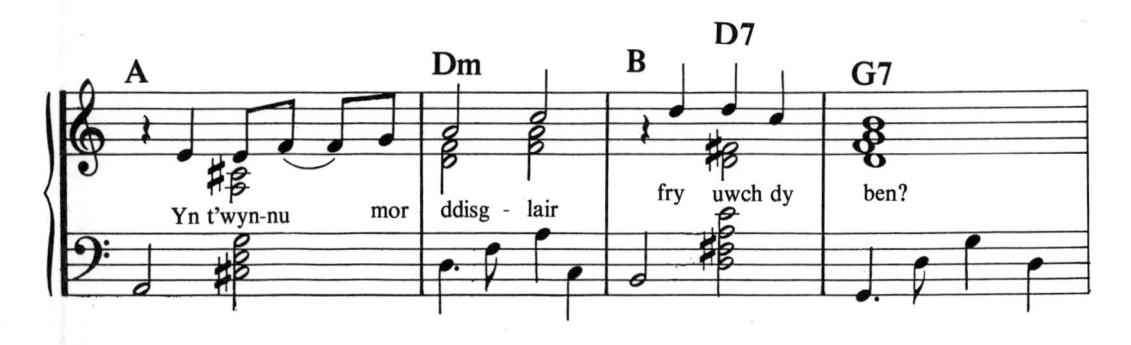

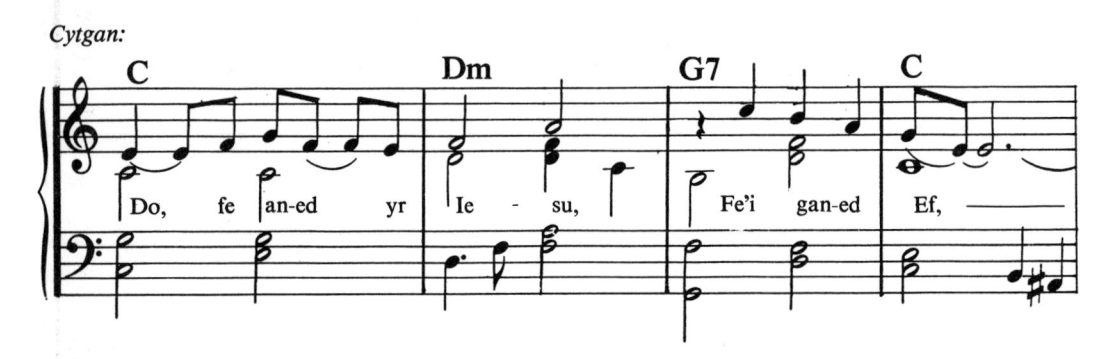

*Pennill:*

1. A we-li di'r ser-en sy'n lo-yw'n y nen,
Yn t'wyn-nu mor ddisg-lair fry uwch dy ben?

*Cytgan:*

Do, fe an-ed yr Ie-su, Fe'i gan-ed Ef,

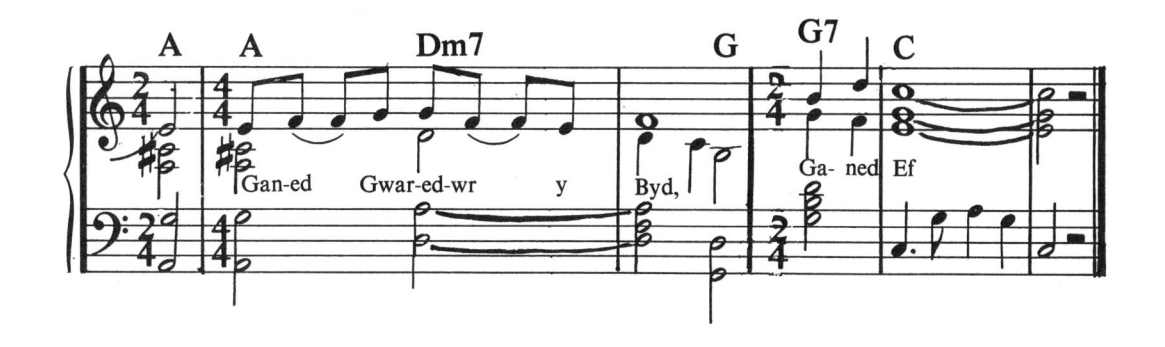

2. A weli di'r bugail yn syllu yn syn
   Ar gôr o angylion ar lethrau'r bryn?

3. A weli di'r doethion yn llety yr ŷch,
   I'r Iesu'n cyflwyno eu rhoddion gwych?

4. A weli di'r gwledydd mewn tristwch o hyd
   Heb dderbyn yr Iesu yn Geidwad Byd?

**HAWLFRAINT:**
**Geiriau:** Eddie Jones
**Alaw:** Ann Morgan
**Trefniant piano:** Ann Morgan

# 26. RHOWN GLOD, RHOWN FAWL

*Yn boyw*   Rhagarweiniad efo clychau a glocenspiels neu farrau sain

*Pennill*

Hen ŵyl Na-do-lig ddaeth ar hynt, A sŵn ca-ro-lau sy'n y gwynt, Cawn sôn am e-ni Crist i'r byd, Y ne-fol wyrth all ddwyn yng-hyd Y gwle-dydd oll i fyw'n gy-tun Yn lle-wyrch llwy-brau Mab y Dyn. *Cytgan* Rhown

2. Rhyfeddol oedd y gwely gwair
A gaed yn grud i Faban Mair,
Rhyfeddach fyth y golau gwyn
A chôr angylion uwch y bryn,
Ond syndod mwy i Fab y Saer
Oedd doethion, dri a seren glaer.

3. Anghofiwn bob rhyfeddod mwy,
Ymunwn ninnau gyda hwy
Wrth grud yr Iesu'n ŵyl ein trem
Yn llety'r ŷch ym Methlehem,
Cyflwyno wnawn ein bywyd ni
I'th foli a'th glodfori Di.

**HAWLFRAINT:**
**Geiriau:** Eddie Jones
**Alaw:** Ann Morgan
**Trefniant piano:** Ann Morgan

# 27. MAIR A GAFODD FABAN

[Sheet music with lyrics: "Mair a gaf-odd Fab-an, O Dduw, Mair a gaf-odd Fab-an, do, O Dduw, Mair a gaf-odd Fab-an, O Dduw, Er bod pawb yn dal i ddyf-od Nid yw'r lle-ty'n llawn."]

2. Cafwyd enw iddo, O Dduw

3. Galwyd Ef yn Iesu, O Dduw

4. Ganwyd Ef mewn preseb, O Dduw

5. Cafodd gwmni'r ychen, O Dduw

6. Daeth bugeiliaid ato, O Dduw

7. Doethion ddaeth o'r dwyrain, O Dduw

8. Cadwyd lle i ninnau, O Dduw,
   Cadwyd lle i ninnau, do, O Dduw,
   Cadwyd lle i ninnau, O Dduw,
   Er bod pawb yn dal i ddyfod
   Nid yw'r llety'n llawn.

**HAWLFRAINT:**
**Geiriau:** Eddie Jones
**Alaw:** Traddodiadol o St. Helena
**Trefniant piano:** Ann Morgan

# 28. GANWYD IESU 'METHLEM

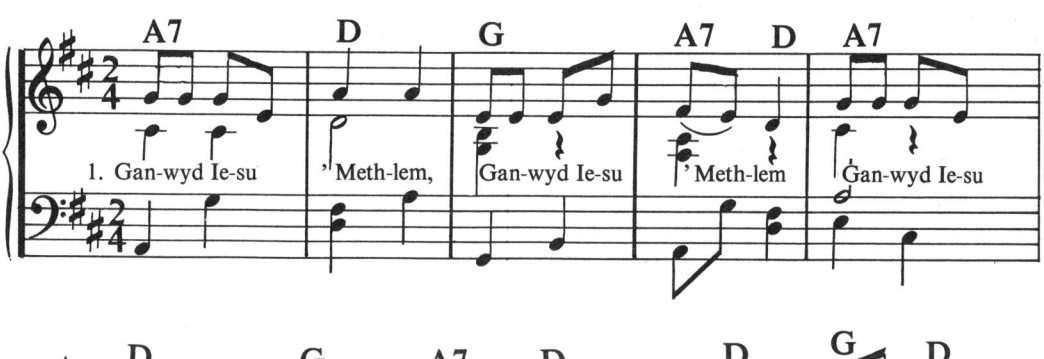

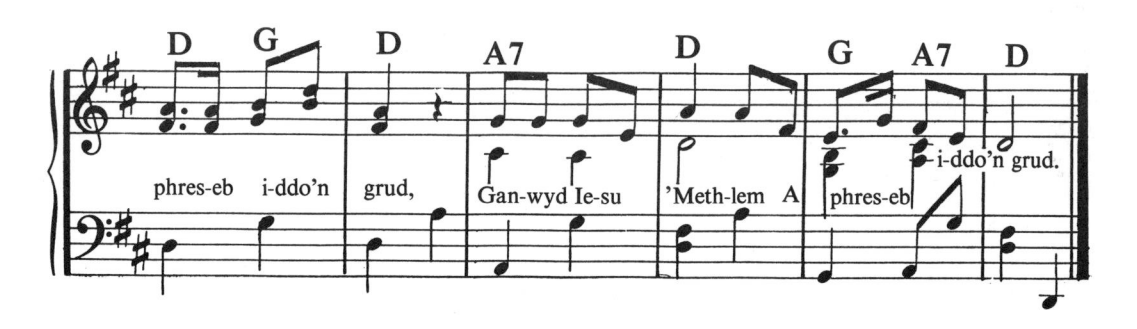

2. Daeth bugeiliaid yno *(3)*
   'Rôl gweld yr angel gwyn *(3)*

3. Doethion ddaeth o'r dwyrain *(3)*
   Rhoi aur a thus a myrr *(3)*

4. Ddowch chi draw i Fethlem *(3)*
   I weld y Baban bach *(3)*

5. Ef yw Brenin Bywyd *(3)*
   I'n harwain ar ein taith *(3)*

**HAWLFRAINT:**
**Geiriau:** Eddie Jones
**Alaw:** Traddodiadol o'r Amerig
**Trefniant piano:** Ann Morgan

## 29. Y CYFRIFIAD

Daeth gorch-ym-yn cas, pawb i da-lu'r dreth, A phawb i deith-io'n ôl i'w dref ei hun. Aw-gws-tws Ce-sar sy' am gael ein tre-thi ni A cha-dw cyf-ri man-wl am bob un. Pawb yn ôl i'w dref ei hun, Teith-io'n ôl, teith-io'n ôl, Teith-io'n ôl i'w dref ei hun i da-lu'r dreth, dreth, dreth. Teith-io'n ôl i'w dref ei hun, Teith-io'n ôl, teith-io'n ôl, Teith-io'n ôl i'w dref ei hun i da-lu'r dreth.

**HAWLFRAINT:**
**Geiriau Saesneg:** M Martin + V Stumbles
**Cyfieithiad:** Eddie Jones
**Alaw:** M Martin + V Stumbles
**Trefniant piano:** Ann Morgan

# 30. BRYSIA I FETHLEHEM

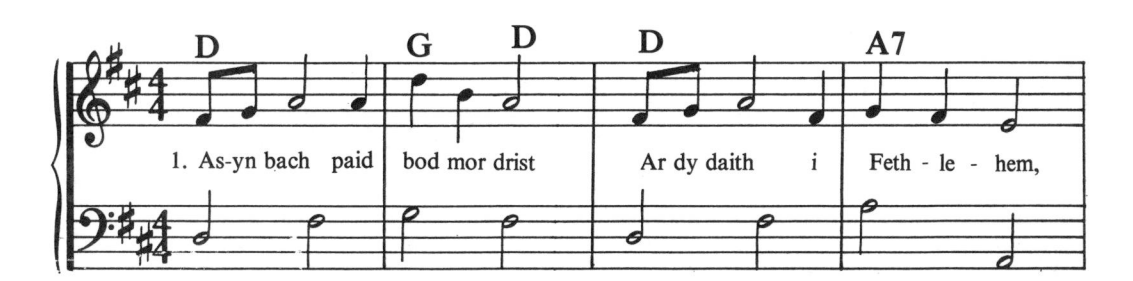

1. Asyn bach paid bod mor drist
   Ar dy daith i Fethlehem,
   Cyn bo hir daw Iesu Grist,
   Brysia i Fethlehem.

2. Asyn bach dos di mewn hedd
   Ar dy daith i Fethlehem,
   Paid â bod mor drist dy wedd,
   Brysia i Fethlehem.

3. Asyn bach dos 'mlaen heb gŵyn
   Ar dy daith i Fethlehem,
   Ar dy gefn mae'r Forwyn fwyn,
   Brysia i Fethlehem.

4. Asyn bach rhaid mynd hy'
   Ar dy daith i Fethlehem,
   Cario 'rwyt y Baban cu,
   Brysia i Fethlehem.

5. Asyn bach rhaid cyrchu'r nod
   Ar dy daith i Fethlehem,
   Wedyn cei y mawl a'r clod,
   Brysia i Fethlehem.

**HAWLFRAINT:**
**Geiriau Saesneg:** M Martin + V Stumbles
**Addasiad Cymraeg:** Eddie Jones
**Alaw:** M Martin + V Stumbles
**Trefniant piano:** Ann Morgan

# 31. CÂN YR ANGEL

1. Fe ganaf gân am e-ni Bab-an Beth-le-hem, Mae croe-so i chi ddod i'w we-led Ef. Ne-wydd-ion lla-wen sydd, daeth Gwar-ed-wr Byd, Mae'n gor-wedd mewn pres-eb, A chân holl ang-yl-ion nef O'i gylch yn llon eu llef, Yn mo-li ei e-nw Ef, Gan-ed Ceid-wad Byd.

2. Fe ganaf gân am eni Baban Bethlehem
   Yn llety llwm yr ŷch a'r asyn llwyd,
   A Mair a Joseff sydd yno'n gwylio'n fud
   Y Baban mewn preseb,
   A chanu mae engyl nef,
   A moliant sy'n eu llef,
   Gogoniant rown iddo Ef,
   Ganed Ceidwad Byd.

**HAWLFRAINT:**
**Geiriau Saesneg:** M Martin + V Stumbles
**Addasiad Cymraeg:** Eddie Jones
**Alaw:** M Martin + V Stumbles
**Trefniant piano:** Ann Morgan

## 32. FY MRENIN I

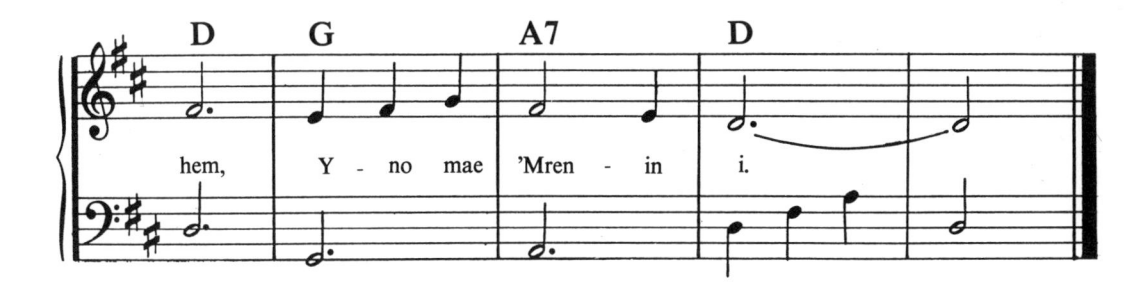

O ser-en sy' fry uwch-ben Gwe-na'n dir — ion ar-naf fi, Dan-gos y ffordd i Feth-le-hem, Y-no mae 'Mren-in i.

2. Yn cludo anrhegion drud
   Ato Ef daeth doethion, dri,
   Teithio drwy'r nos i Fethlehem
   I weld fy Mrenin i.

3. Nid oes gennyf fawr i'w roi,
   Dim ond bugail tlawd wyf fi,
   Rhoddi fy nghalon iddo wnaf,
   Ef yw fy Mrenin i.

**HAWLFRAINT:**
**Geiriau Saesneg:** M Martin + V Stumbles
**Cyfieithiad:** Eddie Jones
**Alaw:** M Martin + V Stumbles
**Trefniant piano:** Ann Morgan

## 33. DEWCH AT Y CRUD

Pennill:

1. Fe aned yr Iesu, Nadolig yw, Mae'r clych-au'n ca-nu i fo-li Duw. Yn lle-ty'r an-i-fail mewn pres-eb gwair Y rhodd-wyd Ie-su, fach-gen-nyn Mair.

Cytgan:

Llais 1
Dewch, dewch, dewch at y crud, Mae'r bab-an yn Geid-wad i ni.

Llais 2

Dewch, dewch, dewch at y crud, O! Dduw, fe'th fol-ian-nwn Di.

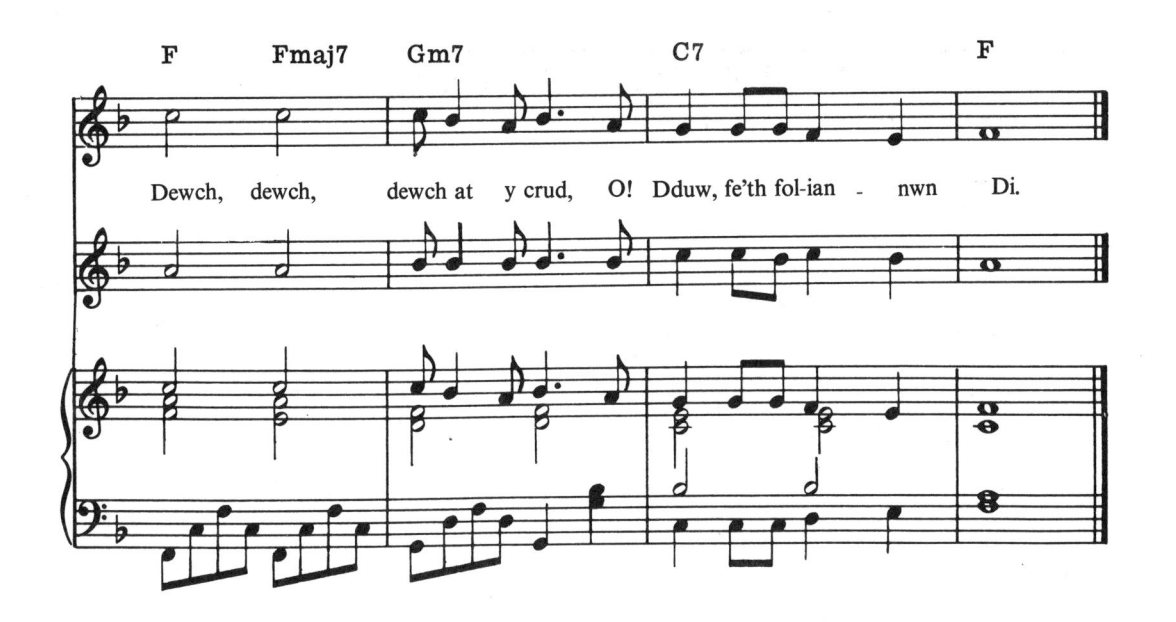

2. Roedd tai dinas Bethlem yn llawn i gyd,
Roedd tylwyth Dafydd yn dod ynghyd,
Fe welwyd un seren yn glaer uwchben,
A'i llewyrch hi yn goleuo'r nen.

3. O'r bryniau gerllaw daeth bugeiliaid lu,
Hysbyswyd hwy am y Baban cu
Gan gôr o angylion yn llon eu llef,
Yn sôn wrth bawb am ei eni Ef.

4. Gwŷr doeth a dysgedig a ddaeth ynghyd,
A rhoi i'r Baban eu rhoddion drud.
O! Dduw, wele ninnau'n rhoi clod i Ti
Am Iesu Grist, ein Gwaredwr ni.

**HAWLFRAINT:**
**Geiriau:** Eddie Jones
**Alaw:** Tony Rousell
**Trefniant piano:** Tony Rousell

# 34. GWEDDI'R NADOLIG

1. Gan-ed Crist ym Meth-le-hem, Cân ang-y-lion lan-wo'r ddae'r, Deu-ed hedd-wch i bob un

Oedd eu gwe-ddi daer.

*Cytgan:*

Un-wn nin-nau hedd-iw, Can-wn yn gy-tûn, Gwas-an-aeth-wn er-aill Fel

Ie — su Grist ei hun. Mynd a wnawn i Feth-le-hem
Sef-yll yn-o uwch ei grud, Hedd-wch a thang-nef-edd fo'n
Gwe-ddi dros bawb drwy'r byd.

2. Roedd bugeiliaid Bethlehem
   Wrthi'n gwylio'u praidd liw nos,
   Mawl a fo i'r Baban bach
   Oedd eu gweddi dlos.

3. Doethion ddaeth i Fethlehem,
   Wedi dilyn seren glaer,
   Boed tangnefedd i bob un
   Oedd eu gweddi daer.

**HAWLFRAINT:**
**Geiriau Saesneg:** Peter Westmore
**Cyfieithiad:** Eddie Jones
**Alaw:** Edward Hughes
**Trefniant piano:** Edward Hughes
(Allan o 'Christmas in the Primary School' Redvers Brandling
Cyhoeddwyd gyda chaniatâd Ward Lock Educational Co Ltd)

## 35. O GOEDEN HARDD

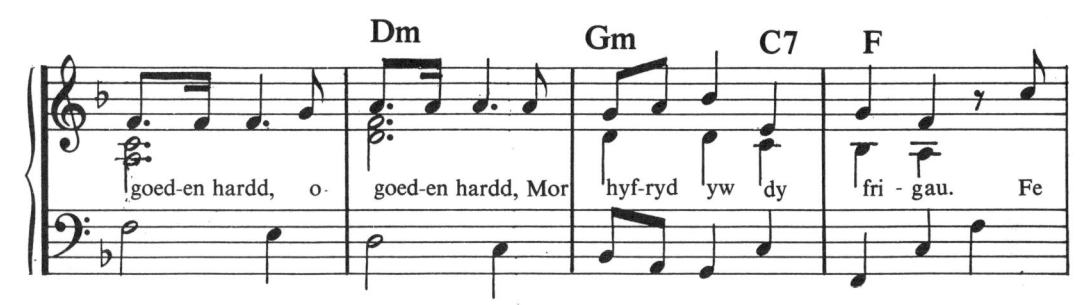

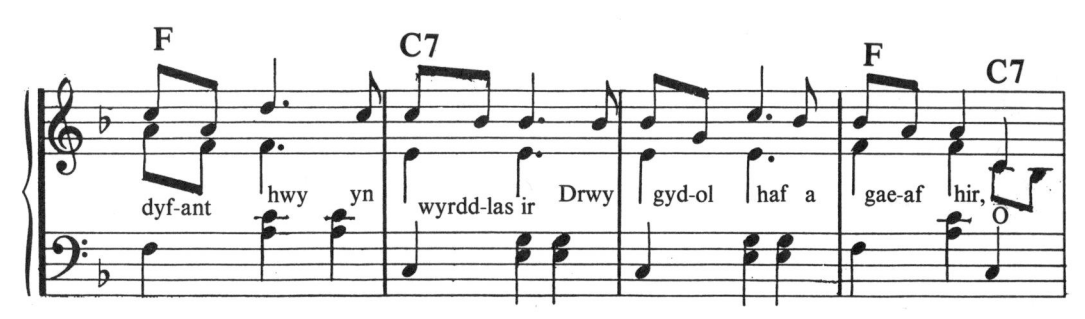

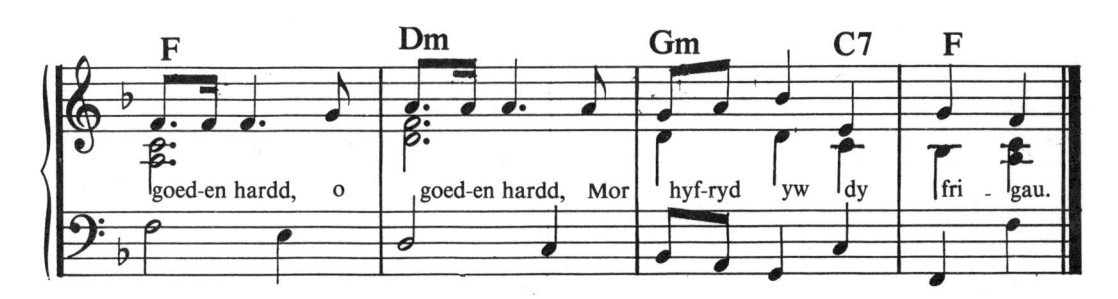

O goeden hardd, o goeden hardd, Mor hyfryd yw dy frigau;
O goeden hardd, o goeden hardd, Mor hyfryd yw dy frigau.
Fe dyfant hwy yn wyrddlas ir Drwy gydol haf a gaeaf hir,
O goeden hardd, o goeden hardd, Mor hyfryd yw dy frigau.

2. O goeden hardd, o goeden hardd,
   Ti yw yr un a garwn *(2)*
   Bob dydd Nadolig rhoddi di
   Oleuni teg i'n llonni ni,
   O goeden hardd, o goeden hardd,
   Ti yw yr un a garwn.

3. O goeden hardd, o goeden hardd,
   O goeden ir Nadolig *(2)*
   Dy harddwch sydd yn dweud yn glir
   Fod cariad eto yn y tir,
   O goeden hardd, o goeden hardd,
   O goeden ir Nadolig.

**HAWLFRAINT:**
Addasiad Eddie Jones o'r garol o'r Almaen
Alaw draddodiadol o'r Almaen
**Trefniant:** / Ann Morgan

## 36. CWSG FABAN ANNWYL

*Yn swynol*

Cwsg fab-an an-nwyl, Cwsg yn dy bres-eb, Gwên ar dy wyn-eb,
Cwsg fab-an an-nwyl, Rhydd o bob pryd-er, Cwsg y ma'n dyn-er, Cwsg fab-an bach.

Cwsg fab-an bach.

*Cytgan:*

Cwsg yn wyn dy fyd, — Mair yn

2. Cwsg faban annwyl,
   Hapus angylion
   Seinia'r newyddion,
   Cwsg faban bach.
   Cwsg faban annwyl,
   Seren sy'n gwenu,
   Golau'n lledaenu,
   Cwsg faban bach.

3. Cwsg faban annwyl,
   Ti yw'r addewid,
   I'r byd ei ryddid,
   Cwsg faban bach.
   Cwsg faban annwyl,
   Derbyn ein cariad,
   Moli wna'r cread,
   Cwsg faban bach.

**HAWLFRAINT:**
**Geiriau Saesneg:** Douglas Coombes
**Cyfieithiad:** Eddie Jones (gyda chaniatâd Lindsay Music)
**Alaw:** Traddodiadol o Nicaragiwa
**Trefniant piano:** Ann Morgan

# 37. NID OES 'NA LE

*cas Dych-ryn-llyd i bob teith-iwr. Na, nid oes 'na le i chi, Nid oes 'na le i chi, Nid oes 'na le i'r un ym-wel-ydd.*

2. Rat-a-tat-tat, rat-a-tat-tat,
   Oes, oes, oes.
   Oes mae 'na le i chi,
   Dewch i mewn da chi,
   Mae yma le i rai ymwelwyr.
   Ym mhreseb yr ŷch
   Gorffwys gewch drwy y nos
   Bydd yn glyd a chynnes
   'Mhell o sŵn a sbri'r lletywyr.
   Mae 'na le i chi yn awr,
   Mae lle i chi yn awr,
   Mae yma le i rai ymwelwyr.

**HAWLFRAINT:**
**Geiriau Saesneg:** Peggy Blakeley
**Cyfieithiad:** Eddie Jones
**Alaw:** Don Harper
**Trefniant piano:** A + C Black

# 38. PAN OEDD SÊR UWCHBEN

*Pennill:*

1. He-no, pan oedd sêr uwch-ben
Yn gol - eu - o'r nen,
Pawb yn cys - gu cys - gu 'Meth-lem dref.
Draw yn lle - ty llwm yr ŷch,
Nid mewn pal - as gwych,
Gan-ed Ie - su Grist, Bre - nin dae'r a nef.

*Cytgan:*

Fe gan-ai côr ang—yl ion glân, A chlych-au'r nef yn sein-io cân, Can-ys gan-wyd Crist, Bre-nin dae'r a nef. Fe gan-ai côr ang-nef.

2. Yna daeth bugeiliaid lu,
   Dod at Faban cu,
   Plygu gliniau, plygu iddo Ef.
   Gobaith ddaeth i'w calon hwy
   Bydd tangnefedd mwy,
   Canys ganwyd Crist, Brenin dae'r a nef.

**HAWLFRAINT:**
**Geiriau Saesneg:** Joy Webb
**Cyfieithiad:** Eddie Jones
**Alaw:** Joy Webb
**Trefniant piano:** A + C Black

## 39. HOLDIRIO

*(Sheet music with lyrics verse 1:)*
1. Draw o gopa gwyn y mynydd, Draw o'r goedwig a'r rhos, Down i chwilio am y preseb Yn nhawelwch y nos. Canwn Holdirio yn lle carol ar ein taith, Holdirio o lethrau'r bryn, Fe ddaw Holdirio nôl fel eco tyner clir Dros yr eira gwyn.

2. Mae y sêr yn ddisglair heno
   Yn goleuo uwchben,
   Gemau bychain wrth y miloedd
   Sy'n tywynnu'n y nen.
   Canwn Holdirio yn lle carol ar ein taith,
   Holdirio o lethrau'r bryn,
   Fe ddaw Holdirio nôl fel eco tyner clir
   Dros yr eira gwyn.

3. Dyma fe y Baban Iesu,
   Plygu wnawn wrth ei grud,
   Ac mae seren uwch y preseb
   Yn disgleirio o hyd.
   Canwn Holdirio, suo ganwn iddo Ef
   Holdirio i'r Baban syn
   Canu Holdirio yna teithio adre wnawn
   Dros yr eira gwyn.

**HAWLFRAINT:**
**Addasiad Cymraeg:** Eddie Jones
**Alaw:** Traddodiadol o'r Tyrol
**Trefniant piano:** Ann Morgan.

# 40. GŴYL NADOLIG YW HI

*Yn ysgafn*

*Cytgan:*

*Offeryn*

Gŵyl Nad-ol-ig yw hi, Gan-ed Ie-su i ni,
Deu-wch, add-ol-wn Ef, Mawl fo ymh-ob llef, Gŵyl Nad-ol-ig yw hi. *Fine*

*Pennill:*

1. Dod â hedd-wch i'r byd
   Dy-na neg-es y crud,
   Mae mab bych-an Mair
   O'i bre-seb o wair
   Yn ym-bil am hedd-wch i'r byd. *D.C.*

2. Dod â chariad i'r tir,
   Dyna'r neges yn glir,
   Mewn byd mor ddi-lun
   Boed pawb yn gytûn
   Yn rhannu ei gariad trwy'r tir.

3. Rhoi tangnefedd wnaeth Ef
   Pan ddaeth atom o'r nef,
   O dewch, llawenhawn,
   Tangnefedd a gawn,
   At Iesu dyrchafwn ein llef.

4. Mae bendithion yn rhad
   I bob un ymhob gwlad,
   O dewch at y crud
   I dderbyn o hyd
   Fendithion y Baban yn rhad.

**HAWLFRAINT:**
**Geiriau:** Eddie Jones
**Alaw:** Jancis Harvey
**Trefniant piano:** Douglas Coombes

# 41. CROESO I'R IESU

*Efo rhythm tango clir*

*Glocenspiel/Barrau Sain*

1. Croe-so i'r Ie - su, Crist ein Gwar - ed - wr Hedd-iw a ddaeth i'n byd. Gor-wedd mae'r Bab - an, hu-no yn daw - el,

2. Draw ar y bryniau clywodd bugeiliaid,
   Brysiant i Fethlem dref.
   Doethion o'r dwyrain ddaw gyda'u rhoddion,
   Aur, thus, a myrr gaiff Ef.
   Nefoedd sy'n atsain cân yr angylion,
   Moliant i'w enw Ef.
   Croeso i'r Iesu aned mewn preseb,
   Brenin y ddae'r a'r nef.

**HAWLFRAINT:**
**Geiriau Saesneg:** F R Bennett
**Cyfieithiad:** Eddie Jones
**Alaw:** F R Bennett
**Trefniant piano:** A + C Black
Gyda chaniatâd Edwin Ashdown Ltd, 8/9 Firth Street, London W1

# 42. CALYPSO'R NADOLIG

*Pennill:*

1. Mae y Bab-an yn ei we-ly gwair, Mewn lle-ty llwm y rhodd-odd Duw ei Air, Pres-eb tlawd yn grud i Fab-an Mair, God-id-og D'wy-sog yd-yw Ef.

*Cytgan:*

Brys-iwn nin-nau'n llon i Feth-le-hem I weld yr Iôr, â

2. Seren ddisglair sy'n goleuo'r nen
   I ddangos Iesu yn ei wely pren,
   Chwi fugeiliaid dewch i blygu'ch pen
   Wrth grud Gwaredwr dynol-ryw.

3. Chwi angylion cenwch eto'r gân,
   Gogoniant Duw ddaw i bob calon lân,
   Baban Bethlem rydd y byd ar dân,
   Gwaredwr dynol-ryw yw Ef.

**HAWLFRAINT:**
**Geiriau Saesneg:**   Michael A Perry
**Cyfieithiad:**   Eddie Jones
**Alaw:**   M A Perry
**Trefniant piano:**   A + C Black

# 43. CAROL O'R PHILIPPINE

*Yn egniol*

*Cytgan:*

O lawen Ŵyl Nadolig Clychau'n seinio'n fendigedig, O lawen Ŵyl Nadolig Aros beunydd yn ein clyw. Fe fydd pawb yn gorfoleddu, Mwyn garolau gaiff eu canu, Mawl rown i Dduw o hyd Am eni Crist i'n

2. Dewch, cenwch iddo, rhowch foliant o hyd,
   Daw blwyddyn eto â chyfle i'r byd,
   Rhoi mae i ddynion o wirfodd ei galon
   Ei gariad yn hael o'r crud.

**HAWLFRAINT:**
**Geiriau Saesneg:** John Morrison
**Cyfieithiad:** Eddie Jones
**Alaw:** Levi Celerio
**Trefniant piano:** A + C Black
Cyhoeddwyd gyda chaniatâd Blandford Press Ltd

# 44. ANGYLION GLÂN A'U GLORIA

*Cytgan:*

Clywch gôr angylion glân a'u Glo——rï-a, Fe

an - ed i chwi Fab - an bach mewn crud, Glo ——— ri -

*Pennill:*
a, 1. Go - gon-iant sy' yn y nef - oedd fry, Dy - na gân

côr ang - yl ion lu, Gan- ed eich Ceid-wad, fe

79

G7
C7
1
an - ed Ie su cu, Gan- ed eich Ceid-wad, Ie - su cu. Clywch
C7
2
Cytgan olaf:
F C7 F C7 F Gm7 C7
crud, Clywch gôr ang - yl - ion glân a'u Glo — ri -
F Gm7 C7 F Dm7
a, Fe an - ed i chwi Fab - an bach mewn crud,

2. Tangnefedd fo ymhob gwlad drwy'r byd,
   Dyna'r gân ddaw â phawb ynghyd,
   Ganed eich Ceidwad, fe'i ganed yn y crud,
   Ganed eich Ceidwad yn y crud.

**HAWLFRAINT:**
**Geiriau:** Eddie Jones
**Alaw:** D Kiddy
**Trefniant piano:** R Day + R Crooks
Cyhoeddwyd gyda chaniatâd Y Gymdeithas Feiblaidd Frytanaidd a Thramor 1980

## 45. CWSG FY MABAN GWYN

*Yn dyner a theimladwy*

1. Cwsg yn daw-el he-no, Cwsg cyn daw y cyff — ro,
Cwsg mae'n gyn-nar e-to, O cwsg fy mab-an gwyn.
Ser-en fry sy'n gwe-nu Tra mae'r byd yn cys-gu,
Eng-yl nef yn ca-nu I'r bug-eil-iaid syn.

2. Wedi'r gân fendigaid,
   Brysio wna'r bugeiliaid,
   Gadael praidd o ddefaid
   Ynghwsg ar lethrau'r bryn.
   Dod a wnânt yn ffyddlon
   Yma ar eu hunion,
   Dod i fod yn dystion,
   Cwsg fy maban gwyn.

3. Dod o bell wna'r doethion
   Gyda'u drudfawr roddion,
   Rhoi i Ti anrhegion
   A wna'r brenhinoedd hyn.
   Cwsg yn dawel heno,
   Cwsg cyn daw y cyffro,
   Cwsg mae'n gynnar eto,
   Cwsg fy maban gwyn.

**HAWLFRAINT:**
**Geiriau:** Eddie Jones
**Alaw:** R Hudson Pope
**Trefniant piano:** R Hudson Pope
Cyhoeddwyd gyda chaniatâd Scripture Gift Mission

# Ewyllys Da

# 46. ESTYN DY LAW, FY FFRIND

*Yn feddylgar*

**Pennill:**

1. Plant new-yn-og sy'n dio-dde heb ddim bwyd. Wyt ti'n rhoi i'w por-thi?

Sych-ter yn y tir, dim ond dŵr am-hur, Rhaid eu di-sy-che-du.

**Cytgan:**

Es-tyn dy law, fy ffrind, I hel-pu'th gyd-ddyn tlawd.

2. Tlodion carpiog, trist, heddiw'n methu byw.
   Oes 'na gymorth iddynt?
   Cleifion yn eu poen, neb i wella'u clwy.
   Beth a ddaw ohonynt?

3. Pan ddaw storm a haint, trychinebau cas,
   Wyt ti'n llawn tosturi?
   Rhyfel ddaw â'i gwae, gofid, ing a phoen.
   Llawer mewn trueni.

4. Dewch yn llon eich cri heddiw gyda ni,
   Dewch i'w cynorthwyo.
   Gallwn yn gytûn wella cyflwr dyn,
   Rhoi pob cyfle iddo.

**HAWLFRAINT:**
**Geiriau:** Eddie Jones
**Alaw:** Pamela Verrall
**Trefniant piano:** Pamela Verrall

# 47. CANWN GÂN AM HEDDWCH

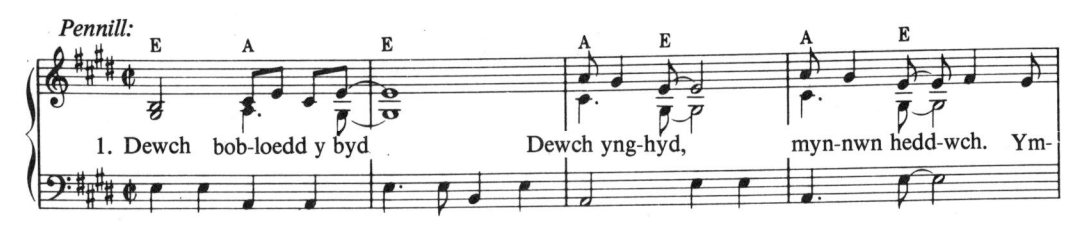

*Gyda swing*

*Pennill:*

1. Dewch bob-loedd y byd, Dewch yng-hyd, myn-nwn hedd-wch. Ym-unwch gy-da ni. Dewch o bob gwlad at-om i chwy-ddo'n cri, Cyn i'r bom-iau ffrwyd-ro'n ffri, Gan rwy-go, darn-io, dryll-io'n llwyr ein gwar-eidd-iad ni.

*Cytgan:*

Can-wn gân am hedd-wch, can-wn gân am hedd-wch, Can-wn gân am hedd-wch i'r holl fyd. Can-wn gân am hedd-wch, can-

*wn gân am hedd-wch, Can-wn gân am hedd-wch i'r holl fyd i gyd.*

2. Dewch bobloedd y byd
   Dewch ynghyd, mynnwn heddwch.
   Cysgodion rhyfel sy'
   Yn crynhoi o'n cwmpas fel cwmwl du,
   Pershing, Crŵs ac arfau drud,
   Taflegrau Ecsorset sy'n barod i chwythu'n byd.

3. Dewch bobloedd y byd
   Dewch ynghyd, mynnwn heddwch.
   Pa obaith sydd yn wir
   Gydag arfau niwclear yn llenwi'r tir?
   Byw mewn dychryn, ofn a brad,
   Dyfodol tywyll, llawn o wae, sydd i blant pob gwlad.

**HAWLFRAINT:**
**Geiriau:** Eddie Jones
**Alaw:** Roger Hurell
**Trefniant piano:** Douglas Coombes
Cyhoeddwyd gyda chaniatâd (1972) Chappell Music Ltd a
International Music Publications
Cedwir pob hawl

# 48. BYD SY'N LLAWN O HEDD

*Yn llawen*

*Cytgan:*

*Llais neu offeryn*

Rwyf fi eisiau byw Mewn byd sy'n llawn o heddwch, Rwyf fi eisiau byw Mewn byd sy'n llawn o hedd.

*Pennill:*

1. Byd heb ofn, heb neb yn brudd,
Heb ddim dychryn nos na dydd,
Heb neb yn gaeth ond pawb drwy'r byd yn rhydd.
Cael byw'n gytûn yw'n breuddwyd ni,
O Iesu gwrando nawr ein cri,
A boed i bawb ledaenu'th gariad Di.

2. Lle mae'r cryf yn trugarhau,
A'r du a'r gwyn yn agosáu,
A lle mae'r tlawd a'r trist yn llawenhau.
Cael byw'n gytûn yw'n breuddwyd ni,
O Iesu gwrando nawr ein cri,
A boed i bawb ledaenu'th gariad Di.

3. Lle mae pawb yn dod ynghyd
I wella cyflwr gwael y byd,
A cheisio byw'n heddychlon wnawn i gyd.
Cael byw'n gytûn yw'n breuddwyd ni,
O Iesu gwrando nawr ein cri,
A boed i bawb ledaenu'th gariad Di.

**HAWLFRAINT:**
**Geiriau:** Eddie Jones
**Alaw:** Tom McGuiness
**Trefniant piano:** Douglas Coombes

Cyhoeddwyd gyda chaniatâd Lindsay Music

# 49. RHOWN GYMORTH

*Yn deimladwy*

*Ffliwt neu Recorder*

Di-olch Dduw am roi i ni Gyf-len-wad dŵr sy'n lli-fo'n ffri. Ond mae 'na rai mewn lla-wer man O ddi-ffyg dŵr yn llesg a gwan, Plant yn marw nos a dydd, Ffyn-hon-nau sych-ion yn-o sydd. O Dduw, rho gym-orth i'r rhai sy' Yn clodd-io dwfn ffyn-hon-nau lu. ffyn-hon-nau lu.

2. Diolch Dduw am fwyd yn rhodd,
Cynhaliaeth dda sydd wrth ein bodd.
Ond mae 'na rai yn Affrig fawr
Na welant fory doriad gwawr.
Tlodi creulon, newyn sy'
A'r plant yn marw yno'n llu.
Cefnogi OXFAM wnawn i gyd
Â rhoddion hael i wella'u byd.

3. Diolch Dduw am gartref clyd,
A bywyd hapus yn y byd.
Ond cofiwn am drueiniaid sy'
Yn ffoaduriaid heb 'run tŷ.
Trais a gormes, gwg a sen,
Heb do na chysgod uwch eu pen.
Rhoi cymorth i'r Groes Goch wnawn ni
I wella'u byd a gwrando'u cri.

**HAWLFRAINT:**
Geiriau: Eddie Jones
Alaw: Douglas Coombes

**Trefniant piano:** Douglas Coombes
Cyhoeddwyd gyda chaniatâd Lindsay Music

# 50. CASGLU ARIAN

*Yn feddylgar a theimladwy*

1. Wrth gasglu arian mae plant Cymru
Hedd-iw'n hel-pu plant y byd.
Cas-glu wnawn i ledd-fu'r dio-ddef
Sy'n y gwle-dydd tlawd o hyd.

*Cytgan:*
Pan mae plant y byd yn dio-dde
Gwneud ein gore dros-tynt wnawn,
Rhodd-wn hedd-iw gyf-le idd-ynt
Hwy-thau fyw yn ha-pus iawn.

*4ydd tro yn unig.* iawn Yn

ha — pus,  ha — pus  iawn.

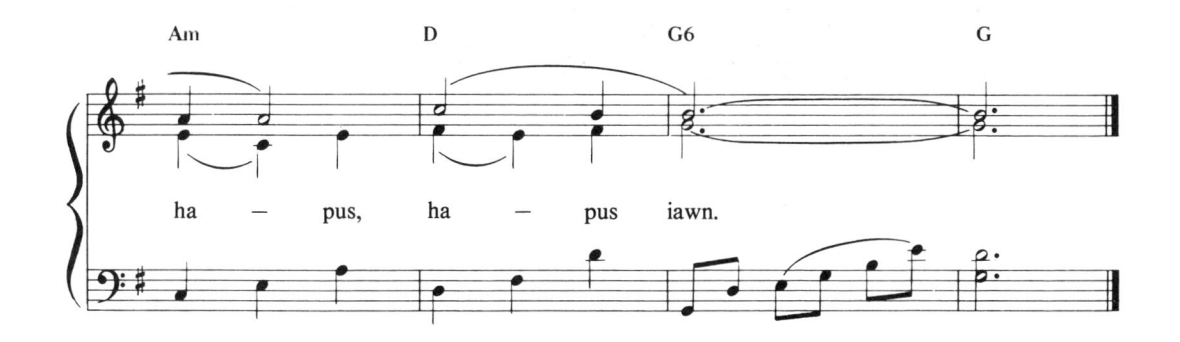

2. Rhaid anfon bwyd ac anfon dillad,
   Anfon maeth i'r llesg a gwan.
   Dangos wnawn ein cariad iddynt,
   Estyn llaw a gwneud ein rhan.

3. Ond rhaid yw gwella'u hamgylchiadau
   Drwy roi iddynt fodd i fyw.
   Nid rhoi cardod ond rhoi cyfle
   Iddynt wnawn yn enw Duw.

4. Rhaid cael llywodraeth gwledydd cryfion
   I gyd-fyw mewn hedd o hyd.
   Rhoi peiriannau yn lle arfau,
   Difa tlodi drwy'r holl fyd.

**HAWLFRAINT:**
**Geiriau:** Eddie Jones
**Alaw:** Pamela Verrall
**Trefniant piano:** Pamela Verrall

# 51. BYW MEWN HEDD

*Yn gadarn heb fod yn rhy gyflym*

1. Byd diboen — a byd dibryder,
Byd heb drais — a byd cytûn, —
Byd a phob un — yn caru'i gilydd
Yw dyheadau dyfnaf dyn.

2. Byw yn rhydd heb ofni gorthrwm,
Byw heb gysgod rhyfel du,
Byw i weld pawb yn cynnal breichiau
Wrth dderbyn cariad Iesu cu.

3. Cyfeillgarwch gawn ymhobman,
Ysgwyd llaw a chwerthin llon,
Lle mae pob un yn caru'r Iesu,
Gwiredda Di y freuddwyd hon.

4. Byw mewn hedd yw'n breuddwyd heddiw,
Byw mewn hedd yng Nghymru wnawn,
Mae 'na rai sydd yn llawn gobeithion
Cawn fyw mewn hedd,—O llawenhawn!

**HAWLFRAINT:**
**Geiriau:** Eddie Jones
**Alaw:** Essex Music Ltd
**Trefniant piano:** Essex Music Ltd

# 52. RHOWN FAWL AM IESU

*Yn feddylgar*

*Pennill 1, 4*

O clyw ein gwe-ddi, Nef-ol Dad, Hedd-iw rhown glod a rhown fol-iant i Ti. Rhodd-aist in-ni'n hael o'th hedd a'th gar-iad, O

Bb F/A Bb F/A Gm7 Gm7/C
Dduw, der-byn ddi-olch am wran — do'n cri, Rhoi wnest dy an-nwyl Fab i
1
2
Fine
Pennill 2
F Gm7 C7 F C/E Dm Dm7/C
ni. ni. 2. Dysgu wnawn gan-ddo Ef Y
Bb F G7 C7 F C/E
ffordd i fyd tangne — fedd, Cyd-fyw'n gyt-ûn,
Dm F7 Bb F/A Bb Gm7 F/A
par — chu brawd, A dangos i - ddo gariad a thrug - ar - edd.

*Pennill 3*

Molwn d'e-nw Di mewn gor-fol-edd. 3. Dys - gu wnaeth mai Tad trug-ar-og wyt Ti o hyd. Rhown fawl, rhown glod i'th en - w Di am eiriau'r Ie - su. Mae Ef am in - ni ga - ru 'n gil - ydd. O Dduw deu - wn at-at Ti yn llu, Rhown fawl am yr Ie - su cu.

*D. %  al Fine*

**HAWLFRAINT:**
**Geiriau:** Eddie Jones
**Alaw:** I Endersby
**Trefniant piano:** R Day + R Crooks

Cyhoeddwyd gyda chaniatâd Y Gymdeithas Feiblaidd Frytanaidd a Thramor 1980

# 53. DERBYN A RHANNU

*wy - nu.*

*Pennill:*

1. "Câr dy gym- yd - og," medd Crist, "A cheis - ia gyn - or-thwy-o pob un sydd mewn ang - en." Der-byn wnawn fen - dith - ion

*Fine*

**HAWLFRAINT:**
**Geiriau:** Eddie Jones
**Alaw:** D + I Butterfield
**Trefniant piano:** R Day + R Crooks

Cyhoeddwyd gyda chaniatâd Y Gymdeithas Feiblaidd Frytanaidd a Thramor 1980

2. Digon o fwyd sydd i'w gael
   Ac nid oes prinder dŵr i dyfu cnydau blasus.
   Mae ein tai yn foethus braf,
   Cofiwn roi i'r rhai anghenus,
   Cofiwn roi yn hael i bob un sy'n anghenus.

3. Hael yw yr Arglwydd i ni,
   Mae'n rhoi ei roddion i ni'n gyson drwy y flwyddyn.
   Rhaid i ninnau rannu'n deg
   Fel bo digon gan ein cyd-ddyn,
   A gofalu wnawn fod digon gan ein cyd-ddyn.

# 54. RHAI SY'N DILYN CRIST

*Yn gadarn*

*Pennill:*

1. Rhoi di-olch wnawn, O Arg-lwydd, Am rai fu'n dy ddi-lyn Di, Drwy we-lla y cleif-ion A rhoi clust i wran-do'u cri. Di-olch wnawn am He-len Ke-ller, Gweith-io

wnaeth, er ei bod yn ddall, Dros ddeill-ion y byd,

*Cytgan:*

Cy-nor-thwy-o'i chyd-ddyn yn ddi - ball. Di - olch Iôr,

di - olch Iôr am rai fu'n hel-pu cyd-ddyn trist, Di-olch Iôr,

di-olch Iôr am rai sy'n di - lyn Crist.

2. Rhown glod am Arglwydd Shaftsbury
   A'i waith dros holl blant ein gwlad,
   A Doctor Barnardo
   Fu yn ceisio gwella'u stad,
   Ac i'r Tad Borelli yntau
   Gasglodd blant oedd yn crwydro'r stryd,
   Gofalodd y tri
   Am y plant amddifad sy'n ein byd.

3. Aeth Schweitzer draw i'r Affrig
   I drin rhai mewn poen ac ing,
   Breuddwydio dros gyd-ddyn
   A wnaeth Martin Luther King.
   Cafodd gweithwyr Robert Owen
   Gyflog teg, addysg dda a thai,
   Am heddwch i'r byd
   Galwai Gwilym Davies bob mis Mai.

4. Gofalu wnaeth Chad Varah
   Fod ffôn yn ei eglwys ef,
   A rhywun bob amser
   A chlust fain i wrando llef.
   Trobwynt mawr i Leonard Cheshire
   Oedd y bom gwympodd draw'n Japan,
   Newidiodd ei fyd
   A rhoi'i fywyd wnaeth i helpu'r gwan.

**HAWLFRAINT:**
**Geiriau:**        Eddie Jones
**Alaw:**           D Pulkingham
**Trefniant piano:** R Day + R Crooks
Cyhoeddwyd gyda chaniatâd Y Gymdeithas Feiblaidd Frytanaidd a Thramor 1980

# 55. PAN FO ANGEN CYMYDOG

2. Rwyf heb fwyd a heb ddiod
   Ble'r wyt ti, ble'r wyt ti?

3. Rwyf yn oer a heb ddillad
   Ble'r wyt ti, ble'r wyt ti?

4. Rwy'n ddi-do a di-gartref
   Ble'r wyt ti, ble'r wyt ti?

5. Rwyf yn dlawd a di-gariad
   Ble'r wyt ti, ble'r wyt ti?

6. Pa le bynnag y byddi
   Wele fi, wele fi.
   Pa le bynnag y byddi
   Wele fi.
   Waeth pa liw na pha gredo,
   Enw chwaith, paid â hidio,
   Wele fi. Wele fi.

**Geiriau Saesneg:** Sydney Carter
**Cyfieithiad:** Eddie Jones
**Alaw:** Sydney Carter
**Trefniant piano:** A + C Black
Cyhoeddwyd gyda chaniatâd Stainer + Bell

# 56. CARU'N CYD-DDYN METHEDIG

ed - ig A gwneud ei fyd yn ddi - ddig A wnawn yn d'e - nw Di.

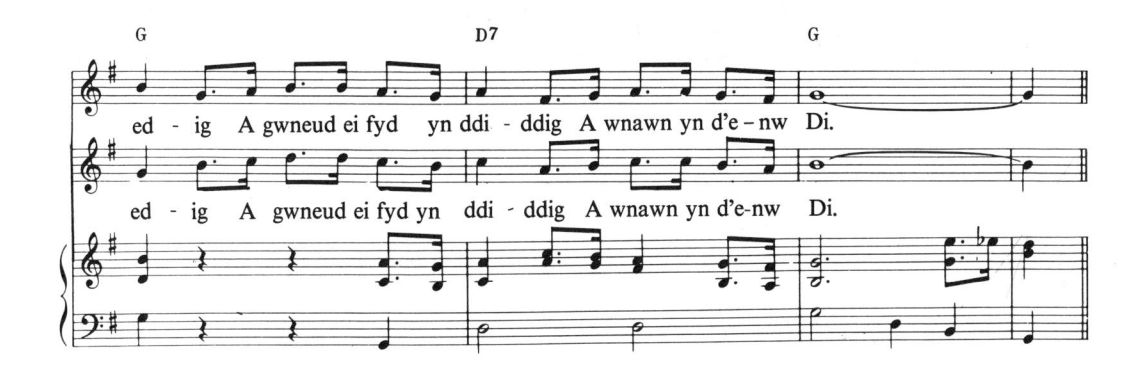

2. Os yw ei gorff yn llesg a gwan (yn llesg a gwan)
   Byddwn iddo'n draed a dwylo (a dwylo)
   Ei gynorthwyo i fynd a dod (i fynd a dod)
   Wnawn yn llon a diflino (diflino).
   Rhown gyfle iddo gael mwynhau (rhown gyfle iddo)
   Bywyd llawn gyda ni (bywyd gyda ni).
   \*\*Caru'n cyd-ddyn...

3. Os yw yn ddall neu'n fyddar fud (yn fyddar fud),
   Ei synhwyrau yn ddiffygiol (ddiffygiol)
   Neu os oes ganddo feddwl gwan (neu feddwl gwan),
   Gwna ni i gyd yn dosturiol (dosturiol).
   I'w cynorthwyo hwy, O Dduw (i'w cynorthwyo)
   Nertha ni yw ein cri (nertha ni yw'n cri).
   \*\*Caru'n cyd-ddyn...

*Gellid defnyddio Llais 1 yn unig os dymunir.*

**HAWLFRAINT:**
**Geiriau:** Eddie Jones
**Alaw:** Traddodiadol o'r Phillipines
**Trefniant piano:** Douglas Coombes

# 57. CLYW EIN CRI

*Yn deimladwy heb fod yn rhy araf*

Pennill 1 a 2

1. Clyw ein cri, O Dad, ar ran ein gwlad yn awr Ben-dith-ia hi.
Clyw ein cri am roi i ni dref-tad-aeth wiw Rhown fawl i Ti.
Clyw ein cri dros bawb sy'n par-chu ha-nes maith Ei dae-ar hi a cha-ru-'i hiaith,
Clyw ein cri, Mawl i Ti.

2. Clyw ein cri, O Dduw, ar ran ein cyd-ddyn tlawd
Sy'n diodde nawr.
Clyw ein cri dros bob newynog un sy'n byw
Mewn eisiau mawr.
Clyw ein cri ac atal ryfel cas o'r byd,
Cawn fyw'n gytûn mewn hedd o hyd,
Clyw ein cri. Mawl i Ti.

*Pennill 3*

Clyw ein cri, O Dad, am gar-iad Ie-su Grist I'n harwain ni.

Clyw ein cri am Un fu fa-rw dro-som oll, Rhown fawl i Ti.

Clyw ein cri dros Gymru'n gwlad a'n cyd-ddyn trist, Ein by-wyd rown i Ie-su Grist. O clyw ein cri. Mawl i Ti.

**HAWLFRAINT:**
**Geiriau:** Eddie Jones
**Alaw:** Drake, Graham, Shirl, Stillman
**Trefniant piano:** Drake, Graham, Shirl, Stillman
Cyhoeddwyd gyda chaniatâd (1953) TRO Essex Music Ltd. 19/20 Poland St London W1    Cedwir pob hawl

# 58. DOWN AT EIN GILYDD

*Yn llawen*

Cytgan:
Down at ein gil-ydd, down yng-hyd, Byw'n gy-tûn a wnawn; Down at ein gil-ydd, down yng-hyd A by-wyd ha-pus gawn.

Pennill:
1. Dewch a gawn cher-wch eich gil-ydd, medd Ie-su Grist, A

**HAWLFRAINT:**
**Geiriau:** Eddie Jones
**Alaw:** Tony Rousell
**Trefniant piano:** Tony Rousell

hap - us fydd y byd, Ni fydd sôn am ry - fel cas, ni fydd neb yn drist, Cawn hedd pan ddaw pawb yng - hyd.

2. Cynorthwyo a chynnal ein gilydd wnawn,
   A dysgu trugarhau;
   Cawn gyd-weithio ymhob gwlad, a dileu pob ofn,
   A phawb fydd yn llawenhau.

3. Fe gawn rannu adnoddau a rhannu dawn,
   Daw bendith i bob un;
   Gwella amgylchiadau byw, ymladd newyn blin,
   Rhoi gwell chwarae teg i ddyn.

4. Fe gawn wared pob haint ac afiechyd blin,
   Ymgeledd gaiff y gwan;
   Fe fydd bywyd i bob un yn un hapus, llawn,
   Tangnefedd fydd ymhob man.

# 59. CYMER FY MYWYD I

*Yn weddol araf*
*Cyflwyniad:*

Cym-er Di fy myw-yd i I wneud dy waith bob dydd dros-ot Ti.

*Pennill:*

1. Rho dy add—fwyn-der ta—wel yn fy nghal-on i — A gad im dru-gar-hau a gwran-do cri — Y rhai sy'n ga-lw ar-naf yn dy e-nw

2. Rho gymorth imi wneud fy rhan i helpu'r tlawd,
   Diwallu holl anghenion byw fy mrawd,
   A cheisio'i achub rhag bod ar drugaredd ffawd.
   Cymer Di 'mywyd i drosot Ti.

3. Mae llawer heddiw eisiau cymorth yn y byd,
   Y byddar trist, y dall a'r rhai sy'n fud,
   Y gwan o gorff a meddwl, galw maent o hyd.
   Cymer Di 'mywyd i drosot Ti.

**HAWLFRAINT:**
**Geiriau:** Eddie Jones
**Alaw:** Graham Kendrick
**Trefniant piano:** M Evans
Cyhoeddwyd gyda chaniatâd 'Thankyou Music' (1976)
PO Box 75, Eastbourne BN23 6NW

# 60. DEWCH BLANT Y GWLEDYDD

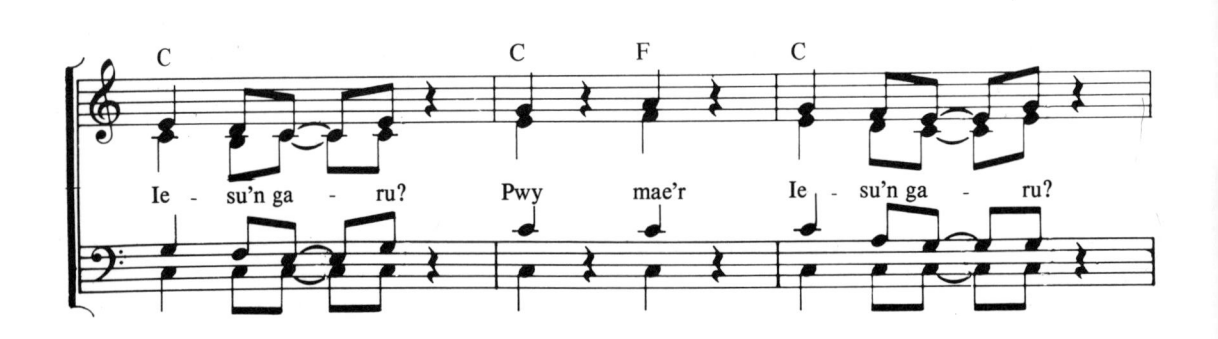

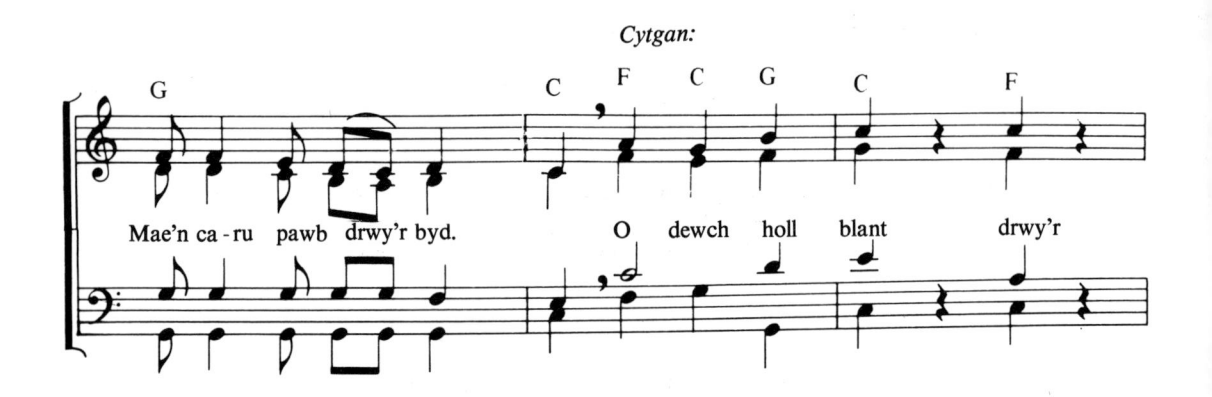

*Pennill:*

1. Pwy mae'r Iesu'n ga-ru, Iesu'n ga-ru, Iesu'n ga-ru? Pwy mae'r Iesu'n ga-ru?

*Cytgan:*

Mae'n ca-ru pawb drwy'r byd. O dewch holl blant drwy'r

2. Plant bach Ffrainc a Chymru, plant Awstralia, plant Simbabwe,
   Plant o'r Sbaen a'r Swistir, dewch nawr at Iesu Grist.

3. Plant Pwyl a Lloegr, plant o Rwsia, plant o'r Eidal,
   Plant Gwlad Belg a'r Alban, dewch nawr at Iesu Grist.

4. Plant bach Sgandinafia, plant bach Awstria, plant yr Almaen,
   Plant gwlad Groeg a'r India, dewch nawr at Iesu Grist.

5. Plant o'r pum cyfandir, de, gorllewin, gogledd, dwyrain,
   Pawb o blant y gwledydd, dewch nawr at Iesu Grist.

**HAWLFRAINT:**
**Geiriau:** Eddie Jones
**Alaw:** Robert Stoodley
**Trefniant piano:** Robert Stoodley
Cyhoeddwyd gyda chaniatâd 'Mustard Seed Music', 9 Haldon Ave,
Bletchley, Milton Keynes MK1 1QU (1978/79)

# 61. PWY?

*Yn feddylgar* ♩ = 104

Pwy sydd i hel-pu'r ang-hen-us, llesg a gwan? Rhoi cy-morth i'r tru-an o'n cylch ym-hob man? Pwy all le-dae-nu cyf-iawn-der yn ein gwlad? Pwy ddaw i ddy-sgu am ga-riad Duw ein Tad? Pwy? Pwy ond ti a fi, Pwy ond ti a fi.

*Cytgan.*
*Yn sionc* ♩ =116

Ni fydd ei

**HAWLFRAINT:**
**Geiriau:** Eddie Jones
**Alaw:** Carys Jones
**Trefniant piano:** Carys Jones

2. Pwy ddaw i fwydo'r newynog yn ein gwlad?
   Rhoi to i'r di-gartref 'truenus eu stad?
   Pwy ddaw â gobaith i'r baban sy'n ei grud?
   Pwy ddaw i weithio dros heddwch yn y byd?
   Pwy?
   Pwy ond ti a fi, pwy ond ti a fi.

3. Pwy all roi cariad a lloches gynnes glyd
   I'r hen a'r methedig sy'n diodde o hyd?
   Pwy ddaw i ddysgu pob gwlad i fyw'n gytûn?
   Pwy ddaw'n ddisgyblion i Iesu Grist ei hun?
   Pwy?
   Pwy ond ti a fi, pwy ond ti a fi.

# 62. DANGOS CARIAD DUW

2. Gad i ni ddangos cariad Duw
   At bob ffoadur trist sy'n crwydro'r tir,
   Rhown iddo fwyd a lloches, cartref clyd,
   A dangos iddo gariad gwir.

3. Gad i ni ddangos cariad Duw
   At bawb mewn ofn a dychryn, cur a loes,
   Wrth estyn cymorth dangos a wnawn ni
   Y Cariad pur ddioddefodd Groes.

**HAWLFRAINT:**
**Geiriau:** Eddie Jones
**Alaw:** Sebastian Temple
**Trefniant piano:** Betty Pulkingham
Cyhoeddwyd gyda chaniatâd Franciscan Communications, Los Angeles CA (1987)

# 63. PE BAI GENNYF FORTHWYL

*Yn nwyfus*

*Offeryn*

1. Pe bai gen-nyf for-thwyl fe gur-wn yn y bo - re,
Fe gur-wn yn yr hwyr-nos dros wled-ydd y byd.
Fe gur-wn ymhob pry - der, fe gur-wn ymhob balch-der, Fe gur-wn i
gar-iad rhwng fy mrodyr a'm chwi-or-ydd 'Mhell dros y môr i wled-ydd y byd.

118

2. Pe bai gennyf gloch fe seiniwn yn y bore,
   Fe seiniwn yn yr hwyrnos dros wledydd y byd.
   Fe seiniwn ym mhob pryder, fe seiniwn ym mhob balchder,
   Fe seiniwn i gariad rhwng fy mrodyr a'm chwiorydd
   'Mhell dros y môr i wledydd y byd.

3. Pe bai gennyf gân fe ganwn yn y bore,
   Fe ganwn yn yr hwyrnos dros wledydd y byd.
   Fe ganwn ym mhob pryder, fe ganwn ym mhob balchder,
   Fe ganwn i gariad rhwng fy mrodyr a'm chwiorydd
   'Mhell dros y môr i wledydd y byd.

4. Wel, mae gen i forthwyl a chloch sy'n seinio'n uchel.
   Mae gen i gân i'w chanu dros wledydd y byd.
   Mae'r morthwyl dros gyfiawnder a'r gloch i seinio rhyddid,
   Cân sy'n sôn am gariad rhwng fy mrodyr a'm chwiorydd
   'Mhell dros y môr i wledydd y byd.

**HAWLFRAINT:**
**Geiriau Saesneg:** Lee Hayes
**Cyfieithiad:** Eddie Jones
**Alaw:** Pete Seeger
**Trefniant piano:** Douglas Coombes
Cyhoeddwyd gyda chaniatâd (1962) TRO Essex Music Ltd 19/20 Poland St London W1    Cedwir pob hawl

# 64. TEULU DYN

*Gyda rhythm cadarn*

1. Rwyf yn perthyn i deulu, y mwya' i gyd,
Mae miloedd, miloedd mwy drwy wledydd y byd.
Nid Jones ac nid Davies, na Huws na Puw,
Ond mae'n cynnwys pob un sydd â'i gred yn Nuw.

*Cytgan:*
Hwn yw'r teulu drwy'r byd sy'n tyfu,
Y teulu o hyd sy'n tyfu,
Cynyddu a thyfu'n fwy bob dydd.

2. Mae 'na chwaer i mi'n Melbourne a brawd draw'n Bagdad.
Mae'r byd i gyd yn fam ac imi yn dad.
Cei weled fy mrodyr 'mhob rhan o'r byd,
Rhai yn frown, rhai yn ddu, perthyn maent i gyd.

3. Mae pob glöwr o'r Rhondda, pob cwli Shanghai,
Pob ffermwr drwy y byd sy'n medi a hau
Yn barod i helpu 'mhob rhan o'r byd
Cynnal breichiau ein gilydd yw'n braint i gyd.

4. O mae'r byd yn lle creulon, yw'r gŵyn gawn gan rai.
Ond cofiwn mai ar ddyn ei hunan mae'r bai.
Efe sy'n gyfrifol am stad y byd,
Ond daw'n well pan ddaw pawb yn gytûn i gyd.

**HAWLFRAINT:**
**Geiriau Saesneg:** Karl Dallaas
**Addasiad Cymraeg:** Eddie Jones
**Alaw:** Karl Dallas
**Trefniant piano:** Douglas Coombes
Cyhoeddwyd gyda chaniatâd Lorna Music Co Ltd.

# 65. HEDDWCH AR DDAEAR LAWR

*Yn araf a theimladwy*

Penillion 1 2 3 a 4

1. Hedd — wch ar ddae - ar lawr, gan ddech-rau'n fy nghal - on i, Hedd wch ar ddae ar lawr, bwr - iad - wyd yr hedd i ni. A
2. Dech — rau'n fy ngha - lon i, a dech - rau y fom - ent hon, Bob dydd o'm taith drwy'r byd rwy'n a - ddo yn ddwys a llon I

*2ail a 4ydd tro*

Pennill 1 a 3

Duw'n Dad trug - ar - og, brod - yr oll ym

ni, Cer-ddwn oll gy-da'n gil-ydd mewn hedd a har-mo-ni.

*Pennill 2 a 4*

greu bob mun-ud a byw bob mun-ud mewn hedd a har-mo-ni. Hedd-wch ar ddae-ar lawr gan ddech-rau'n fy nghal-on i.

3. Heddwch ar ddaear lawr heb ryfel na phoen na phla,
   Cyd-fyw mewn hedd wnawn ni bob dydd bydd ewyllys da,
   A Duw'n Dad trugarog, brodyr oll ym ni,
   Cerddwn oll gyda'n gilydd mewn hedd a harmoni.

4. Dechrau'n fy nghalon i, mae'n llawn o ewyllys da,
   Cariad a rof i bawb, lledaenu drwy'r byd a wna,
   Gan greu bob munud a byw bod munud mewn hedd a harmoni,
   Heddwch ar ddaear lawr, gan ddechrau'n fy nghalon i.

**HAWLFRAINT:**
**Geiriau Saesneg:** Anhysbys
**Addasiad Cymraeg:** Eddie Jones
**Alaw:** Sy Miller + Jill Jackson
**Trefniant piano:** Sy Miller + Jill Jackson
Cyhoeddwyd gyda chaniatâd 'Pedro Music Ltd'
14 New Burlington St, London W1X 2LR

# Cyffredinol

# 66. PWY RODDODD?

*Yn fywiog*

*Offeryn*

Pwy rodd-odd liw-iau yn yr en — fys? Pwy wnaeth y mor-oedd mawr mor hallt?
Pwy rodd-odd grwb ar gefn y ca — mel? Pwy rodd-odd drwnc i'r el - i - ffant?

Pwy wnaeth yr ei - ra gwyn mor ys - gafn? Pwy blan-nodd goed yr allt?
Pwy rodd-odd gyn-ffon hir i'r mwn - ci? Pwy rodd-odd gân i'r nant?

Pwy wnaeth bys - god, lly - god lu? Pwy wnaeth ga-rw, ta - rw du?

Pwy wnaeth ddrae-nog, llwy-nog cu? Duw a'u gwnaeth i gyd.

2. Pwy roddodd eurliw hardd i'r heulwen?
   Pwy wnaeth i'r baban bach roi cri?
   Pwy roddodd arian-liw i'r lleuad?
   Pwy wnaeth ein daear ni?
   Pwy roddodd arogl i'r rhosyn?
   Pwy ddysgod gân i'r adar mân?
   Pwy wnaeth i'r fesen dyfu'n dderwen?
   Pwy rydd i'r mellt eu tân?
   Pwy wnaeth bryfed, gwybed lu?
   Pwy wnaeth chwannen, chwilen ddu?
   Pwy wnaeth forfil, bwystfil cry'?
   Duw a'u gwnaeth i gyd.

**HAWLFRAINT:**
**Geiriau Saesneg:** Paul Booth
**Addasiad Cymraeg:** Eddie Jones
**Alaw:** Paul Booth
**Treniant piano:** Douglas Coombes
Cyhoeddwyd gyda chaniatâd Lindsay Music

# 67. EIN NAWDDSANT NI

*Pennill:* 1 2 3

1. Ein Nawdd-sant ni yw De-wi Sant, De-wi, y Sant fu yn crwyd-ro drwy'r wlad. Fe bre-ge-thai ef wrth bawb am Ie — su, Rhoi

128

mawl wnâi drwy Gymru i Dduw ei Dad, Ef, Dewi Sant, yw'n Nawdd-sant

*Pennill olaf:*
D.C. 𝄋

ni. 4. Dewch i ddathlu ac i gofio ei enw ef,

Rhown fawl, rhown ddiolch nawr i'r Arglwydd Dduw am Ddewi. Ei

gofio wnawn ar Fawrth y cyntaf, Cawn ŵyl a rhoi diolch wnawn i

Ti       Mai ef yw ein Nawdd-sant ni.

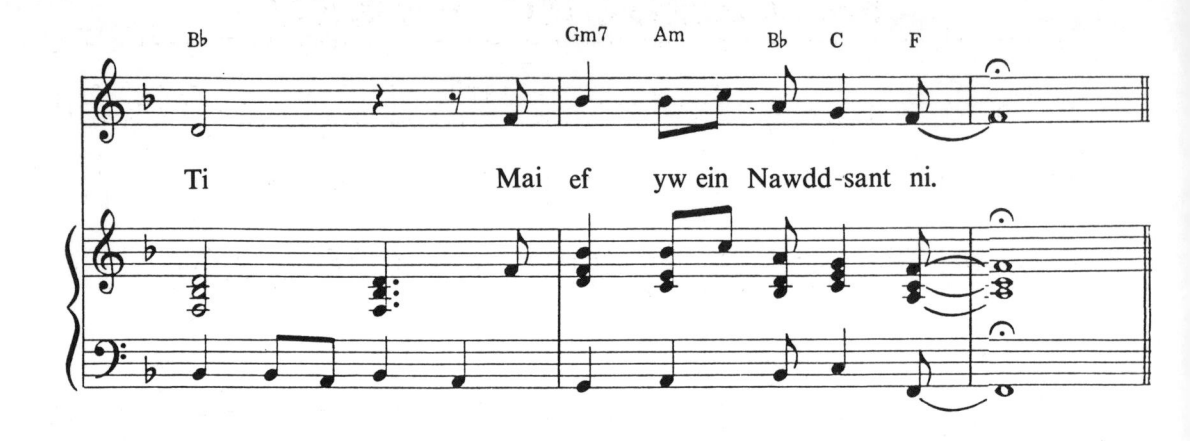

2. Fe gododd daear dan ei draed
   C'lomen a ddaeth, cafwyd arwydd o'r nef,
   Pawb yn teithio i Landdewi Brefi
   I'w weld ac i glywed ei neges ef.
   Ef, Dewi Sant, yw'n Nawddsant ni.

3. Yn hedd Glyn Rhosyn aros wnaeth,
   Dysgu, a gwneud pethau bychain i Dduw,
   O'r fynachlog deuai mawl i'r Iesu,
   Mewn cân ac mewn gweddi dros Gymru'n gwlad,
   Ef, Dewi Sant, yw'n Nawddsant ni.

**HAWLFRAINT:**
**Geiriau:**    Eddie Jones
**Alaw:**    I Endersby
**Trefniant piano:**    R Day + R Crooks
Cyhoeddwyd gyda chaniatâd Y Gymdeithas Feiblaidd Frytanaidd a Thramor 1980

## 68. ENWOGION CYMRU

Mae gan Gymru fach ei gwŷr enwog lu, Fu yn ffyddlon iawn ym hob oes a fu. Yn y ganrif hon mae yn fraint i ni Gael rhoi diolch i bawb fu'n gwarchod drosti hi. Dewi Sant fu'n dweud yn glir Am gariad Iesu drwy y tir, A thrwy'r holl wlad, er mwyn cofio, mae'r plant Ar y cyntaf o Fawrth, yn dathlu gŵyl y Sant.

2. Cofiwn Arthur ddewr aeth i faes y gâd
   Gyda'i gleddyf llym, i ryddhau ein gwlad,
   Ond fe'i clwyfwyd ef, a daeth ofn a braw
   Pan aeth Arthur, mewn bâd, i dir Afallon draw.
   Hywel alwodd pawb ynghyd
   I gasglu'r deddfau mân i gyd,
   Fe roddodd drefn, a chaed heddwch dros dro,
   Am ei ddeddfau diolchwn ninnau iddo fo.

3. Maelgwn Gwynedd fu, a Llywelyn Fawr,
   A'r Llyw Olaf dewr, cofiwn hwy yn awr.
   Daeth Glyndŵr a'i wŷr yn un fyddin gref,
   A chaed senedd i Gymru ym Machynlleth dref.
   Esgob Morgan gyda'i waith
   Yn rhoi y Beibl yn ein hiaith,
   A Gruffydd Jones, gyda'i addysg yn rhad
   Roddodd ysgol i'r Cymry ym mhob cwr o'r wlad.

4. Mae gan Gymru fach ei gwŷr enwog lu,
   Fu yn ffyddlon iawn ym mhob oes a fu.
   Yn y ganrif hon mae yn fraint i ni
   Gael rhoi diolch i bawb fu'n gwarchod drosti hi.
   Etifeddiaeth ydyw hon
   Sy'n werth ei chadw, dewch yn llon,
   Mae Cymru nawr am i ninnau bob un
   Fod yn ffyddlon i Dduw a cheisio byw'n gytûn.

**HAWLFRAINT:**
**Geiriau:** Eddie Jones
**Alaw:** Traddodiadol o'r Amerig
**Trefniant piano:** Ann Morgan

# 69. TYRD, IESU GRIST

*Yn deimladwy*

1. Tyrd Iesu Grist, cymer 'nghalon i, Oll yn eiddo-i Ti, Crist Fab Duw. Rho im dy gymorth pan rwy'n wan, Dy gwmni i mi ym mhob man, A dysg i minnau wneud fy rhan, Iesu Grist. Iesu Grist

2. Tyrd, Iesu Grist, Gwrando Di fy nghri,
   Cynorthwya fi, Crist Fab Duw.
   Cymer fy mywyd i i gyd,
   Dangos dy gariad wnaf i'r byd,
   A moli d'enw Di o hyd, Iesu Grist.

3. Tyrd, Iesu Grist, tyrd i'm harwain i
   Hyd dy lwybrau Di, Crist Fab Duw.
   Dysg fi bob dydd i drugarhau,
   Helpu y gwan ac esmwytháu,
   Ac arwain pawb i lawenhau, Iesu Grist.

**HAWLFRAINT:**
**Geiriau:**    Eddie Jones (**h** 1987 J Weinberger Ltd)
**Alaw:**    P Appleford
**Trefniant piano:**    P Appleford
Cyhoeddwyd gyda chaniatâd Josef Weinberger Ltd
12-14 Mortimer Street, London W1N 7RD
Cedwir pob hawl

# 70. DUW MAWR POB GOBAITH

Duw mawr pob gobaith a Duw mawr pob hedd, Fel plentyn, yn ffyddiog, heb ŵg ar dy wedd, Bydd yno pan' ddeffrwn a rho i ni'n rhydd Hapusrwydd i'n calon ar doriad y dydd.

2. Duw mawr pob awydd a Duw mawr pob ffydd,
Ti fuost yn gweithio fel saer yn dy ddydd,
Bydd yno pan weithiwn a rho i ni'n rhydd
Bob cryfder i'n calon yng ngwres canol dydd.

3. Duw mawr caredig, a Duw mawr pob gras,
Dy ddwylo'n croesawu, a'th freichiau sydd mas,
Bydd yno pan ddychwelwn a rho i ni'n rhydd
Dy gariad i'n calon yn hwyrnos y dydd.

4. Duw mawr tynerwch a Duw mawr pob bri,
Dy lais sy'n bodloni, mae hedd ynot Ti,
Bydd yno pan hunwn a rho i ni'n rhydd
Dy heddwch i'n calon ar derfyn y dydd.

**HAWLFRAINT:**
**Geiriau gwreiddiol:** Jan Struther (1901-53)
**Cyfieithiad:** Eddie Jones
**Alaw:** Traddodiadol o'r Iwerddon
**Trefniant piano:** Ann Morgan

# 71. O DDYDD I DDYDD

*Yn dyner*

O ddydd i ddydd clyw, Iôr, Fy ngweddi fechan yw Dy weld di yn gliriach, Dy garu'n anwylach, Dy ddilyn Di'n ffyddlonach, O ddydd i ddydd.

2. O ddydd i ddydd clyw, Iôr,
Fy ngweddi fechan yw—
Ymddiried yn llwyrach,
Addoli'n gywirach,
A'th foli Di yn amlach,
O ddydd i ddydd.

3. O ddydd i ddydd clyw, Iôr,
Fy ngweddi fechan yw—
Dileu rhyfelgarwch,
A gwared annhegwch,
Cael byd yn llawn brawdgarwch,
O ddydd i ddydd.

4. O ddydd i ddydd clyw, Iôr,
Fy ngweddi fechan yw—
Am fyd sy'n heddychlon,
A chariad rhwng dynion,
A byw i Ti yn ffyddlon,
O ddydd i ddydd.

**HAWLFRAINT:**
**Geiriau gwreiddiol**
**pennill cyntaf:** Richard of Chichester
**Efelychiad Cymraeg:** Eddie Jones
**Alaw:** D Austin
**Trefniant piano:** D Austin
Cyhoeddwyd gyda chaniatâd

# 72. MOLI BRENIN NEF

*Gyda swing*

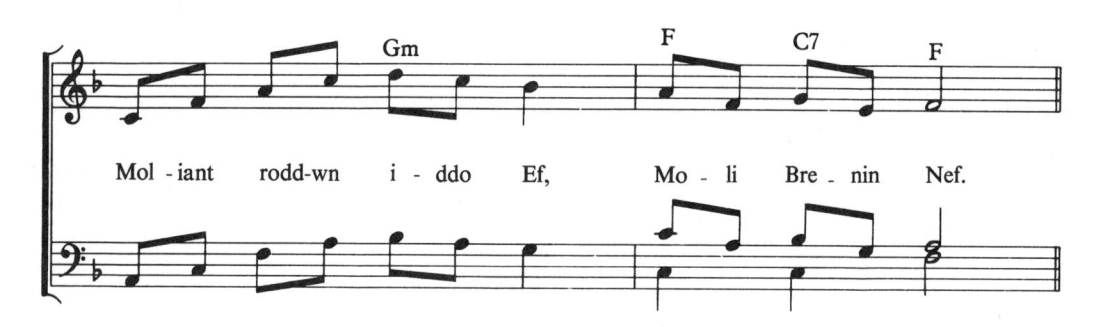

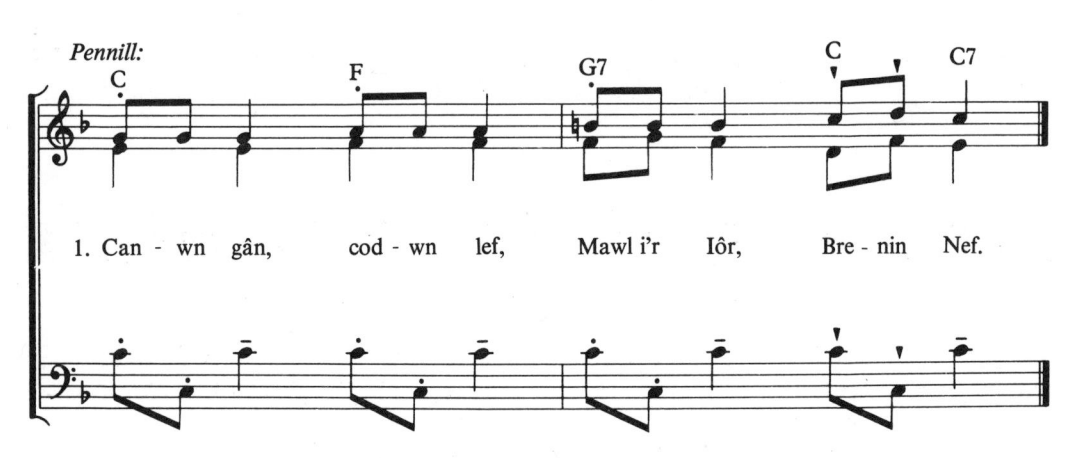

**Cytgan:**

Cân, cân, ca - nu wnawn, Mo - li Duw am bop-eth gawn,
Mol - iant rodd-wn i - ddo Ef, Mo - li Bre - nin Nef.

**Pennill:**

1. Can - wn gân, cod - wn lef, Mawl i'r Iôr, Bre - nin Nef.

2. Cariad Duw lanwo'r byd,
   Diolch yw'n cân o hyd.

3. Daw pob gwlad fel un côr
   I roi mawl i Dduw Iôr.

4. Llawn o glod, llawn o serch
   Ydyw cân mab a merch.

5. Cariad Duw dan fy mron
   Wna fy nghân innau'n llon.

**HAWLFRAINT:**
**Geiriau Saesneg:** Elizabeth Syre
**Addasiad Cymraeg:** Eddie Jones
**Alaw:** Elizabeth Syre
**Trefniant piano:** Elizabeth Syre
Cyhoeddwyd gyda chaniatâd

# 73. CARU'R IESU

*Yn llawen a sionc*

Cytgan:

O! Rwy'n ca-ru'r Ie——su, O! Rwy'n ca-ru'r Ie——su,

O! Rwy'n ca-ru'r Ie——su, Am i-ddo fy ngha-ru i. Fe'i

*Pennill*

ca——raf yn y bo——re, Fe'i ca——raf yn y bo——re, Fe'i

ca——raf yn y bo——re am i-ddo fy ngha-ru i.

2. Fe'i caraf pan rwy'n chwarae *(3)*
   Am iddo fy ngharu i.

3. Fe'i caraf Ef bob amser *(3)*
   Am iddo fy ngharu i.

4. Dewch gyda mi i'w garu *(3)*
   Am iddo ein caru ni.

**HAWLFRAINT:**
**Geiriau:** Eddie Jones
**Alaw:** Frederick Whitfield
**Trefniant piano:** Ann Morgan

# 74. IESU SY'N RHOI EI GARIAD

*Yn llawen*

Pennill:

1. Hap - us wyf fi am fod Ie - su'n y Nef
Hedd - iw'n fy ngha - ru, fy ngheid-wad yw Ef.
Dweud mae y Bei - bl y gwren - dy fy nghri,
Ie - su sy'n rho - ddi ei gar - iad i mi.

*Cytgan:*

Ie - su sy'n rhoi ei gar - iad i mi,
Gar-iad i mi, gar-iad i mi, Ie - su sy'n rhoi ei gar - iad i mi,
Car - iad i mi bob dydd.

2. Weithiau anghofiaf a chrwydraf ymhell,
   Yntau sy'n maddau a'm caru yn well,
   Rhoddi mae'r Iesu ei hunan i gyd,
   Dweud am ei gariad wnaf innau o hyd.

3. Mawl fo i'r Arglwydd bob diwrnod o'm hoes,
   Canaf am fawredd ei gariad a'i Groes,
   Hapus yw 'mywyd a llon yw fy nghri,
   Iesu sy'n rhoddi ei gariad i mi.

**HAWLFRAINT:**
**Geiriau Saesneg:** Philipp Bliss
**Cyfieithiad:** Eddie Jones
**Alaw:** P Bliss
**Trefniant piano:** Betty Pulkingham
Cyhoeddwyd gyda chaniatâd 'Thankyou Music'
PO Box 75, Eastbourne BN23 6NW

# 75. DWY FIL O FLYNYDDOEDD

*Yn feddylgar*

Mae bron i ddwy fil o fly-ny-ddoedd wedi mynd ers d'e-ni Di. Mewn pre-seb llwm ym Methlem Jiw-da yn Wa-re-dwr dro-som ni. Fe ddae-thost Ti mewn hedd a cha-riad I'n ty-wys ni i well gwa-rei-ddiad. O Ie-su'r Ba-ban bach mewn crud, Ai o-fer oedd dy e-ni Di i'r byd? O Ie-su'r Ba-ban bach mewn crud, Ai o-fer oedd dy e-ni Di i'r byd?

*Yn deimladwy*

140

2. Mae bron i ddwy fil o flynyddoedd
　　Ers pan grwydraist lwybrau'r wlad,
　　Yn dysgu pawb i garu cyd-ddyn,
　　Yn lle erlid, dig a brad.
　　I'th helpu Di dewisaist ddeuddeg
　　I'n dysgu ni drwy wyrth a dameg.

　　O Iesu'r Athro mawr ei fri
　　Ai ofer oedd dy holl ddysgeidiaeth di?  *(2)*

3. Mae bron i ddwy fil o flynyddoedd
　　Ers dy farw ar y groes.
　　Fe roddaist Ti dy fywyd drosom,
　　Dioddefaist ing a loes.
　　Cael coron ddrain a chwmni lladron,
　　A phicell fain y milwr estron.

　　O Iesu'r Iawn gaed drosom ni,
　　Ai ofer heddiw oedd dy aberth Di?  *(2)*

4. Mae bron i ddwy fil o flynyddoedd
　　Ers y cychwyn yn y crud,
　　Ac er bod llawer rhwyg a rhaniad,
　　Deil Cristnogaeth yn y byd,
　　Fe ddaw'r ffyddloniaid mewn addoliad
　　At Dduw y Tad yn sgil dy gariad.

　　O Iesu'r Ceidwad, molwn Di,
　　Ein Harglwydd a'n Gwaredwr ydwyt Ti.  *(2)*

**HAWLFRAINT:**
**Geiriau:** Eddie Jones
**Alaw a threfniant:** Ann Morgan

# 76. RHYWUN SY'N FWY

*Gyda rhediad pendant, cyson*

*Offeryn*

*Pennill:* 1. Sei - ri, o sei - ri gwnewch goe - den ar fryn. Does 'na neb ond ein Harg - lwydd all lun - io fel hyn. Gardd - wr, o ardd - wr gwna flod - au i mi. Does 'na neb ond ein Harg - lwydd â lliw - iau di - ri.

*Cytgan:* Rhyw - un sy'n fwy nag wyt ti neu fi Rodd - odd ffrwyth - au yn dy berll - an di. Y blod - au o'r ardd a holl bys - god y môr A lun - iwyd ar ein cy - fer ni gan yr Iôr.

142

2. Pensaer, o bensaer gwna enfys i'r nen.
   Does 'na neb ond ein Harglwydd all baentio'r fath len.
   Ffermwr, o ffermwr rho fywyd i'r grawn.
   Does 'na neb ond ein Harglwydd sy'n meddu y ddawn

3. Tithau'r trydanwr rho sêr uwch fy mhen.
   Does 'na neb ond ein Harglwydd all gyrraedd y nen.
   Pwy all gysylltu yr afon a'r môr?
   Does 'na neb ond ein Harglwydd, ein crewr, ein Iôr.

**HAWLFRAINT:**
**Geiriau Saesneg:** Marion Payton
**Cyfieithiad:** Eddie Jones
**Alaw:** M Payton
**Trefniant piano:** Douglas Coombes
Cyhoeddwyd gyda chaniatâd Lindsay Music

# 77. MOLWCH DDUW

*Yn hapus*
*Cytgan:*

Dewch holl wled-ydd, dewch i gyd, Mol-wch Dduw am roi i'r byd Pob ser-en fawr a blo-dyn bach A-le-lw-ia.

*Pennill:*

1. Holl blan-e-dau mol-wch Dduw: A-le-lw-ia. Sêr a lleu-ad mol-wch Dduw: A-le-lw-ia.

2. Holl fynyddoedd molwch Dduw: Alelwia.
   Moroedd mawrion molwch Dduw: Alelwia.

3. Glaw a heulwen molwch Dduw: Alelwia.
   Rhew ac eira molwch Dduw: Alelwia.

4. Llewod rheibus molwch Dduw: Alelwia.
   Adar swynol molwch Dduw: Alelwia.

5. Plant y gwledydd molwch Dduw: Alelwia.
   Hen ac ifanc molwch Dduw: Alelwia.

**HAWLFRAINT:**
**Geiriau Saesneg:** Michael Cockett
**Cyfieithiad:** Eddie Jones
**Alaw:** Kevin Mayhew
**Trefniant piano:** Douglas Coombes
Cyhoeddwyd gyda chaniatâd Mayhew McCrimmon Ltd
10-12 High Street, Great Wakering, Essex
Cedwir pob hawl

# 78. DEWCH I FOLI

Mo-lwn Di, O Ar-glwydd Dduw, A-le-lw-ia, Mae yr Ie-su e-to'n fyw, Al-le-lw-ia.

2. Er ei hoelio ar y Groes, Alelwia,
   Mae yn fyw o oes i oes, Alelwia,

3. Brenin Nef yn Geidwad Dyn, Alelwia,
   Mae'n ein caru ni bob un, Alelwia.

4. Derbyn wnawn ei gariad Ef, Alelwia,
   Diolch wnawn yn llon ein llef, Alelwia.

5. Dewch i'w foli, cenwch gân, Alelwia,
   Cenwch fawl i'w enw glân, Alelwia.

6. Molwn Di, O Arglwydd Dduw, Alelwia,
   Mae yr Iesu eto'n fyw, Alelwia.

**HAWLFRAINT:**
**Geiriau:** Eddie Jones
**Alaw:** Traddodiadol
**Trefniant piano:** Ann Morgan

# 79. MOLWN, MOLWN

*Yn llyfn*

Mo—lwn, mo—lwn, mo-lwn Ef bob bo-re, Mo-lwn Ef bob nawn-ddydd,
Mo—lwn, mo—lwn, Mo-lwn Ef hyd fa-chlud haul.

2. Gweini, gweini, gweini wnawn bob bore,
   Gweini wnawn bob nawnddydd,
   Gweini, gweini,
   Gweini wnawn hyd fachlud haul.

3. Credu, credu, credu wnawn bob bore,
   Credu, wnawn bob nawnddydd,
   Credu, credu,
   Credu wnawn hyd fachlud haul.

**HAWLFRAINT:**
**Geiriau Saesneg:** Traddodiadol
**Cyfieithiad:** Eddie Jones
**Alaw:** Traddodiadol
**Trefniant piano:** Ann Morgan

# 80. TYRD AM DRO

*Offeryn*

1. Tra'n teithio drwy'r byd Fe ddaw llawer croes a chur, A pheryglon i mi Bydd Crist gyda mi Bydd yn gymorth ar y daith, Gyd-ag Ef bydd-af ddiogel bob dydd.

*Cytgan:*
Tyrd am dro, dro, dro gyda Brenin Nef, Tyrd i ddilyn dy Geidwad di Tyrd i ddweud "Hosana, bendigedig Fab y Dyn Fu farw drosom ni."

2. Mae bywyd yn braf
Ac mae cân fach dan fy mron
Fel ryw'n teithio drwy y byd.
Mae Crist gyda mi,
Mae yn gwylio drosof fi,
Mae ei gwmni yn gysur o hyd.

**HAWLFRAINT:**
**Geiriau Saesneg:** Valerie Collison
**Cyfieithiad:** Eddie Jones
**Alaw:** V Collison
**Trefniant piano:** Douglas Coombes
Cyhoeddwyd gyda chaniatâd High-Fye Music Ltd
78 Newman St London W1P 3LA
Cedwir pob hawl

# 81. UN CAM BYCHAN

1. Un cam bych-an ar fy nhaith drwy'r byd,
Un cam bych-an ar fy nhaith drwy'r byd,

*Cytgan:*
Peth-au ne-wydd ddaw i mi,
Gad im deith-io'n llaw-en gy-da Thi. I-e,
Peth-au ne-wydd sydd yn dod i mi,
Gad im deith-io'n llaw-en gy-da Thi.

2. Daw gwybodaeth newydd im o hyd,
   Dysgu mwy a wnaf wrth fynd drwy'r byd,
   Profiad newydd ddaw i mi,
   Gad im ddysgu'n llawen gyda Thi.

3. Wrth im deithio heibio'r da a'r drwg,
   Gad im deithio'n llawen heb ddim gwg.
   Pan mae'r ffordd yn arw iawn
   Teithio'n llawen gyda Thi a gawn.

4. Rho im gymorth pan mae'r byd yn gas,
   Yn fy nghalon dyro Di dy ras.
   Gwna fi'n llawen, gwna fi'n llon,
   Gad im deithio'n hapus ger dy fron.

**HAWLFRAINT:**
**Geiriau Saesneg:** Sydney Carter
**Cyfieithiad:** Eddie Jones
**Alaw:** Sydney Carter
**Trefniant piano:** Douglas Coombes
Cyhoeddwyd gyda chaniatâd Stainer + Bell
Cedwir pob hawl

# 82. PLANT BACH IESU GRIST

*Yn fywiog*

Dewch i ddy-sgu am yr Ie-su, Ie-su, Dewch i ddy-sgu am yr Ie-su, Ie-su, Dewch i ddy-sgu am yr Ie-su, Ie-su, plant bach Ie-su Grist. Dewch bawb yn sionc a llon at Ie-su i'w fo-li, fo-li, sionc a llon at Ie-su i'w fo-li, fo-li, Sionc a llon at Ie-su i'w fo-li, fo-li, plant bach Ie-su Grist.

2. Dewch i ddilyn ble mae'n arwain, arwain, *(3)*
   Plant bach Iesu Grist.

3. Dewch i helpu plant bach eraill, eraill, *(3)*
   Plant bach Iesu Grist.

4. Dewch i berthyn i'r un teulu, teulu, *(3)*
   Plant bach Iesu Grist.

**HAWLFRAINT:**
**Geiriau:** Eddie Jones
**Alaw:** Traddodiadol
**Trefniant piano:** Ann Morgan

## 83. HEDD, PERFFAITH HEDD

*Yn ddistaw a thyner*

*Offeryn*

1. Hedd, perffaith hedd yw ein rhodd gan Grist yr Iôr.
Hedd, perffaith hedd yw ein rhodd gan Grist yr Iôr.
Ffrind, medd-ai'r Iôr, dangos hedd yn y byd,
Hedd, perffaith hedd yw ein rhodd gan Grist yr Iôr.

2. Ffydd, perffaith ffydd yw ein rhodd gan Grist yr Iôr.
Ffydd, perffaith ffydd yw ein rhodd gan Grist yr Iôr.
Ffrind, meddai'r Iôr, dangos ffydd yn y byd,
Ffydd, perffaith ffydd yw ein rhodd gan Grist yr Iôr.

3. Serch, perffaith serch yw ein rhodd gan Grist yr Iôr.
Serch, perffaith serch yw ein rhodd gan Grist yr Iôr.
Ffrind, meddai'r Iôr, dangos serch yn y byd,
Serch, perffaith serch yw ein rhodd gan Grist yr Iôr.

**HAWLFRAINT:**
**Geiriau Saesneg:** Kevin Mayhew
**Addasiad Cymraeg:** Eddie Jones
**Alaw:** K Mayhew
**Trefniant piano:** Douglas Coombes
Cyhoeddwyd gyda chaniatâd (1976) K Mayhew Ltd
Rathlesden, Bury St Edmunds, Suffolk IP30 0SZ

# 84. RWY'N CARU'R HAUL

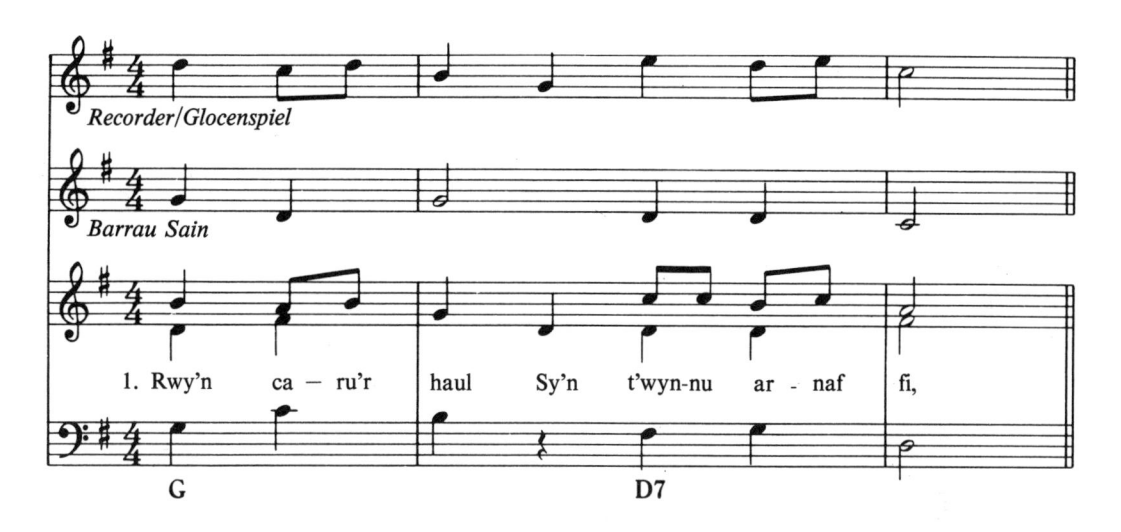

*Recorder/Glocenspiel*

*Barrau Sain*

1. Rwy'n ca-ru'r haul Sy'n t'wyn-nu ar-naf fi,
Duw wnaeth yr haul A Duw a'm gwnaeth i.

2. Rwy'n caru'r sêr
   Sy'n gwenu arnaf fi,
   Duw wnaeth y sêr
   A Duw a'm gwnaeth i.

3. Rwy'n caru'r glaw
   Sy'n pitran arnaf fi,
   Duw wnaeth y glaw
   A Duw a'm gwnaeth i.

4. Rwy'n caru'r gwynt
   Sy'n chwythu arnaf fi,
   Duw wnaeth y gwynt
   A Duw a'm gwnaeth i.

5. Rwy'n caru Duw
   Sy'n gwylio drosof fi,
   Duw cariad yw
   Y Duw a'm gwnaeth i.

**HAWLFRAINT:**
**Geiriau Saesneg:** Gwen F Horne
**Cyfieithiad:** Eddie Jones
**Alaw:** G F Horne
**Trefniant piano:** A + C Black
Cyhoeddwyd gyda chaniatâd Religious and Moral Educational Press

# 85. PWY SY'N CARU?

ca - ru, Pwy sydd yn ca - ru'r rhai sydd yn glwyf - e - dig?

*Cytgan:*

Mae'r Ie - su yn eu ca - ru, Mae'r Ie - su yn eu ca - ru, Ie - su sy'n eu ca — ru.

*Fine* 4°

Pwy sy'n

2. Pwy sy'n caru, pwy sy'n caru,
   Oes rhywun heddiw'n caru y mudion?
   Pwy sy'n caru, pwy sy'n caru,
   Pwy sydd yn caru'r rhai sydd heddiw'n ddeillion?

3. Pwy sy'n caru, pwy sy'n caru,
   Oes rhywun heddiw'n caru y cloffion?
   Pwy sy'n caru, pwy sy'n caru,
   Pwy sydd yn caru pawb o'r gwahangleifion?

4. Pwy sy'n caru, pwy sy'n caru,
   Oes rhywun heddiw'n caru'r blinedig?
   Pwy sy'n caru, pwy sy'n caru,
   Pwy sydd yn caru'r rhai sydd heddiw'n unig?

**HAWLFRAINT:**
**Geiriau:** Eddie Jones
**Alaw:** N A Keates
**Trefniant piano:** R Day + R Crooks
Cyhoeddwyd gyda chaniatâd Y Gymdeithas Feiblaidd
Frytanaidd a Thramor 1980

# 86. DEWCH I GARU IESU GRIST

*Yn hapus*

Dewch i ga-ru Ie-su Grist, Dewch i'w ga-ru gy-da ni, Mae yn ca-ru plant y byd i gyd, Dewch i'w ga-ru, dewch yn llon eich cri.

2. Dewch i foli Iesu Grist,
   Dewch i'w foli gyda ni,
   Mae yn caru plant y byd i gyd,
   Dewch i'w foli, dewch yn llon eich cri.

3. Dewch i deulu Iesu Grist,
   Dewch i'w deulu gyda ni,
   Mae yn caru plant y byd i gyd,
   Dewch i'w deulu, dewch yn llon eich cri.

**HAWLFRAINT:**
**Geiriau:** Eddie Jones
**Alaw:** Anhysbys
**Trefniant piano:** Ann Morgan

# 87. IESU RHOWN GLOD I TI

1. Ie-su rhown glod i Ti, Ie-su rhown serch i Ti,
Ie-su rhown fawl i Ti, Ie-su Grist.
Der-byn ein clod i Ti, Der-byn ein car-iad ni,
Der-byn ein mol-iant ni, Ie-su Grist.

2. Iesu rho serch i'r byd,
   Iesu rho hedd i'r byd,
   Iesu rho ffydd i'r byd,
   Iesu Grist.
   Rhannu dy serch wnawn ni,
   Rhannu dy hedd wnawn ni,
   Rhannu dy ffydd wnawn ni,
   Iesu Grist.

3. Molwn dy ofal Di,
   Molwn dy gysur Di,
   Molwn dy gymorth Di,
   Iesu Grist.
   Helpu y tlawd wnawn ni,
   Helpu y trist wnawn ni,
   Helpu y gwan wnawn ni,
   Iesu Grist.

4. Gweithio wnawn drosot Ti,
   Gweithio yn d'enw Di,
   Gweithio wnawn gyda Thi,
   Iesu Grist.
   Canwn Alelwia,
   Molwn Alelwia,
   Seiniwn Alelwia,
   Iesu Grist.

**HAWLFRAINT:**
**Geiriau:** Eddie Jones
**Alaw:** Norman Warren
**Trefniant piano:** N Warren

## 88. DEWCH I DŶ FY NHAD

*Ddewch chi gy-da mi draw i dŷ fy Nhad, Draw i dŷ fy Nhad, draw i dŷ fy Nhad,*
*Ddewch chi gy-da mi draw i dŷ fy Nhad? Fe gawn hedd, hedd, hedd.*

2. Mae y Beibl mawr draw yn nhŷ fy Nhad,
   Draw yn nhŷ fy Nhad, draw yn nhŷ fy Nhad,
   Mae y Beibl mawr draw yn nhŷ fy Nhad,
   Cawn ei ddarllen ef.

3. Cwrdd ag Iesu Grist draw yn nhŷ fy Nhad,
   Draw yn nhŷ fy Nhad, draw yn nhŷ fy Nhad,
   Cwrdd ag Iesu Grist draw yn nhŷ fy Nhad,
   Dod i'w nabod Ef.

4. Canu'n hapus wnawn draw yn nhŷ fy Nhad,
   Draw yn nhŷ fy Nhad, draw yn nhŷ fy Nhad,
   Canu'n hapus wnawn draw yn nhŷ fy Nhad,
   Fe gawn fywyd llon.

**HAWLFRAINT:**
**Geiriau Saesneg:** Anhysbys
**Addasiad Cymraeg:** Eddie Jones
**Alaw:** Anhysbys
**Trefniant piano:** Ann Morgan

# 89. CURWCH DDWYLO

*[Trefniant diddorol yw canu rhan y Llais 1 yn unig i gychwyn, yna canu Llais 2 (yn unig) hyd at *. Yna'n ôl i'r dechrau eto gyda'r ddau lais yn canu gyda'i gilydd ac ychwanegu'r coda.]*

LLAIS 1. Dewch bawb yng-hyd, cur-wch ddwy-lo, Cen-wch i Dduw gy-da lla — wen lef, Can-ys Bre-nin y Byd yw'r Arg-lwydd ein Duw, Rhowch fol-iant â chân ac â'r ud-gorn, Rhowch fol-iant â chân ac â'r

LLAIS 2. A — le-liw-ia, mol-iant rodd-wn i - ddo Ef, A — le-liw-ia, mol-iant rodd-wn i - ddo Ef, — Mol-iant rodd-wn i - ddo

**HAWLFRAINT:**
**Geiriau Saesneg:** Wiley Beveridge
**Cyfieithiad:** Eddie Jones
**Alaw:** Bill Shehee
**Trefniant piano:** Mini Farra

Cyhoeddwyd gyda chaniatâd 1974, 1982 Celebration
Gweinyddir yn Ewrop gan 'Thankyou Music'
Eastbourne BN23 6NW

D G C
ud – gorn. Rhowch fawl, rhowch fawl i Dduw,
Ef. — A - le - liw - ia,
G D G
Rhowch fawl, rhowch fawl i Dduw, — Rhowch fawl, rhowch
mol-iant rodd-wn i - ddo Ef, — A - le -
C G D G
fawl i Dduw, Cans Bre-nin y Byd yw'r Arg - lwydd Dduw, Cans
liw - ia, mol-iant rodd-wn i - ddo Ef, —

161

# 90. MOLWN EF AM GYMRU

*Yn ysgafn gyda rhythm pendant*

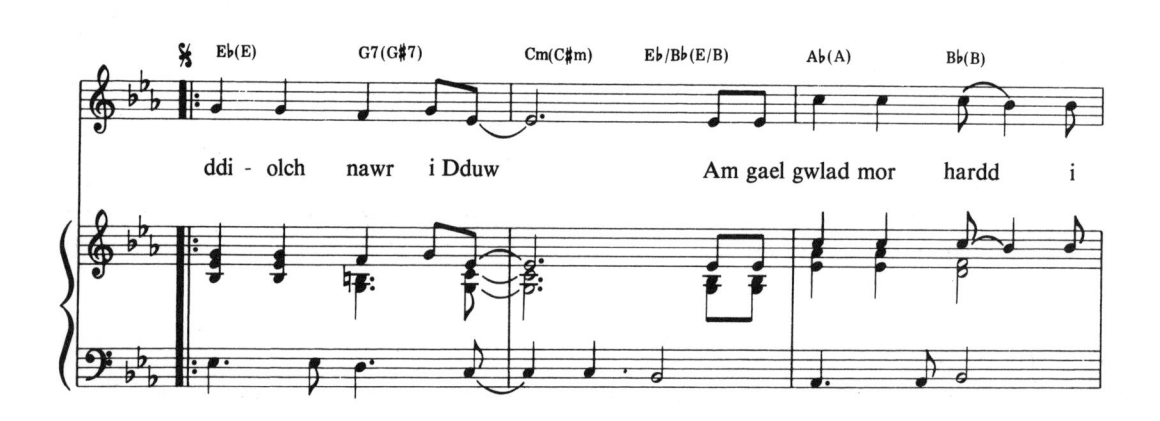

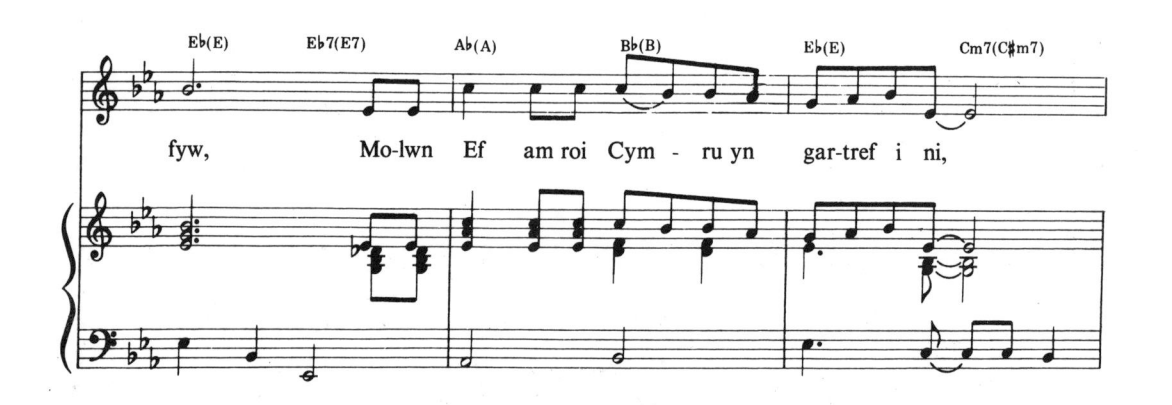

Dewch i ddi-olch nawr i Dduw Am gael gwlad mor hardd i fyw, Mo-lwn Ef am roi Cym - ru yn gar-tref i ni,

**HAWLFRAINT:**
**Geiriau:** Eddie Jones
**Alaw:** A C Rousell
**Trefniant piano:** R Day + R Crooks

Cyhoeddwyd gyda chaniatâd Y Gymdeithas Feiblaidd
Frytanaidd a Thramor 1980

2. Am fwynau fel llechi, alcam, calch a glo,
   Am goed ac am lwyni di-ri,
   Am gyfoeth o ffrwythau ac o fywyd gwyllt
   Ein diolch rown o Dduw i Ti.

3. Rhown glod i Ti, Arglwydd, am yr iaith Gymraeg,
   Treftadaeth sy'n annwyl i ni,
   Am gyfoeth ei chwedlau a'i barddoniaeth gain,
   Ei hanes a'i halawon hi.

# 91. CODI TŶ

2. Roedd dau ŵr bonheddig am godi tai *(3)*
   Yn gartref clyd i'w teulu.
   Roedd un braidd yn ffôl ac yn ddiog iawn *(3)*
   Doedd e' ddim am drafferthu.

3. Mae hwn yn le gwastad ar dywod mân *(3)*
   Heb angen fawr o gloddio.
   Na hidiwch am sylfaen ond codwch fur *(3)*
   Cawn orffen cyn noswylio.

4. Gan ddawnsio a chanu aeth ef i'w dŷ *(3)*
   I ddathlu â'i gyfoedion.
   Ond cododd y gwynt, daeth llifogydd mawr *(3)*
   Gan chwalu'r tŷ yn deilchion.

5. Yr ail ŵr yn bwyllog ddewisodd graig *(3)*
   Bu ddyddiau'n cloddio'r seiliau.
   A chododd ei dŷ gyda deunydd da *(3)*
   Yn gadarn ar y creigiau.

**HAWLFRAINT:**
**Geiriau:** Eddie Jones (Mathew 7/24)
**Alaw:** Ann Morgan
**Trefniant piano:** Ann Morgan

165

# 92. DIOLCH AM EIN GWLAD FACH NI

*Yn llawen*

*Cytgan*

Di-olch Dduw, rhown ddi-olch i Ti, Di-olch Dduw, rhown ddi-olch i Ti, Di-olch Dduw, rhown ddi-olch i Ti, Rhoi di-olch wnawn i'r Ar-glwydd Am ein gwlad fach ni. *Fine.*

*Pennill*

Mae ynddi fy-nyddoedd sy'n ga-darn a chry', Yr Wy-ddfa, Car-nedd-au a'r Ga-der mor hy', Pum-lum-on, dwy A-ran, Pre-sel-au'n y de, My-ny-ddoedd Cy-mru sy'n ym-es-tyn tu-a'r ne'.

2. Mae ynddi afonydd sy'n llifo yn braf,
   Y Ddyfrdwy a'r Hafren, y Teifi a'r Taf,
   Y Ddyfi a'r Towi, y Cleddau a'r Gwy,
   Rhoi diolch wnawn, O Arglwydd Dduw, amdanynt hwy.

3. Bu seintiau yn dysgu amdanat, O Dad,
   Fel Padarn a Dewi sy'n Nawddsant ein gwlad,
   Ac Illtud a Beuno a Chybi fu'n sôn
   O Fynwy hyd at benrhyn pellaf Ynys Môn.

4. Ac ynddi mae pobol garedig yn byw,
   Sy'n caru ei gilydd, sy'n moli eu Duw,
   Sy'n ceisio cael pobloedd y gwledydd ynghyd
   A sicrhau fod heddwch ymhob rhan o'r byd.

**HAWLFRAINT:**
**Geiriau:** Eddie Jones
**Alaw:** Anhysbys
**Trefniant piano:** Ann Morgan

# Mynegai

*tudalen*

| | | | |
|---|---|---|---|
| 30 | Alelwia Iôr i Ti (13) | 53 | Ganwyd Iesu 'Methlem (28) |
| 78 | Angylion glân a'u Gloria (44) | 60 | Gweddi'r Nadolig (34) |
| 55 | Brysia i Fethlehem (33) | 18 | Gŵyl Ddiolchgarwch (7) |
| 90 | Byd sy'n llawn o hedd (48) | 71 | Gŵyl Nadolig yw hi (40) |
| 94 | Byw mewn hedd (51) | 150 | Hedd, perffaith hedd (83) |
| 74 | Calypso'r Nadolig (74) | 121 | Heddwch ar ddaear lawr (65) |
| 88 | Canwn gân am heddwch (47) | 70 | Holdirio (39) |
| 22 | Canwn heddiw glod (9) | 156 | Iesu rhown glod i Ti (87) |
| 46 | Cân y preseb (23) | 138 | Iesu sy'n rhoi ei gariad (74) |
| 56 | Cân yr Angel (31) | 43 | I'n bwydo ni (21) |
| 76 | Carol o'r Philippine (43) | 14 | Mae'r Iesu yn caru (4) |
| 104 | Caru'n cyd-ddyn methedig (56) | 52 | Mair a gafodd Faban (27) |
| 137 | Caru'r Iesu (73) | 36 | Miwsig natur (16) |
| 92 | Casglu arian (50) | 136 | Moli Brenin Nef (72) |
| 106 | Clyw ein cri (57) | 144 | Molwch Dduw (77) |
| 164 | Codi tŷ (91) | 162 | Molwn Ef am Gymru (90) |
| 47 | Cofiwn bob Nadolig (24) | 146 | Molwn, molwn (79) |
| 72 | Croeso i'r Iesu (41) | 66 | Nid oes 'na le (37) |
| 159 | Curwch ddwylo (89) | 32 | O Arglwydd, diolchaf (14) |
| 64 | Cwsg Faban annwyl (36) | 135 | O ddydd i ddydd (71) |
| 82 | Cwsg fy maban gwyn (45) | 63 | O goeden hardd (35) |
| 110 | Cymer fy mywyd i (59) | 103 | Pan fo angen cymydog (55) |
| 38 | Cynhaeaf y byd (18) | 68 | Pan oedd sêr uwchben (38) |
| 16 | Dameg yr heuwr (6) | 118 | Pe bai gennyf forthwyl (63) |
| 116 | Dangos cariad Duw (62) | 149 | Plant bach Iesu Grist (82) |
| 98 | Derbyn a rhannu (53) | 114 | Pwy? (61) |
| 58 | Dewch at y crud (33) | 126 | Pwy roddodd? (66) |
| 112 | Dewch blant y gwledydd (60) | 152 | Pwy sy'n caru? (85) |
| 158 | Dewch i dŷ fy nhad (88) | 151 | Rwy'n caru'r haul (84) |
| 28 | Dewch i ddiolch gyda ni (12) | 12 | Rwy'n diolch, Dduw (3) |
| 145 | Dewch i foli (78) | 100 | Rhai sy'n dilyn Crist (54) |
| 155 | Dewch i garu Iesu Grist (86) | 26 | Rhoi, rhoi, rhoi (11) |
| 11 | Dewch, ymunwn (2) | 20 | Rhown ddiolch, Aleliwia (8) |
| 15 | Digon i bawb (5) | 25 | Rhown ddiolch am yr haul (10) |
| 166 | Diolch am ein gwlad fach ni (92) | 95 | Rhown fawl am Iesu (52) |
| 42 | Diolch Dduw (20) | 50 | Rhown glod, rhown fawl (26) |
| 40 | Diolch Dduw i Ti (19) | 91 | Rhown gymorth (49) |
| 35 | Diolch i Dduw (15) | 142 | Rhywun sy'n fwy (76) |
| 8 | Diolch Iôr (1) | 120 | Teulu dyn (64) |
| 108 | Down at ein gilydd (58) | 37 | Ti biau'r ddaear (17) |
| 134 | Duw mawr pob gobaith (7) | 147 | Tyrd am dro (80) |
| 140 | Dwy fil o flynyddoedd (75) | 132 | Tyrd, Iesu Grist (69) |
| 128 | Ein Nawddsant ni (67) | 148 | Un cam bychan (81) |
| 131 | Enwogion Cymru (68) | 44 | Wedi hau y gwenith (22) |
| 86 | Estyn dy law, fy ffrind (46) | 48 | Weli di? (25) |
| 57 | Fy Mrenin i (32) | 54 | Y cyfrifiad (29) |

## DALIER SYLW!

Caiff *llyfryn geiriau,* yn cynnwys holl eiriau'r caneuon yn y llyfr hwn, ei gyhoeddi'n fuan iawn, pris £1.45—delfrydol ar gyfer ysgolion, capeli, corau &c.

Cofiwch bod y llyfr cyntaf, CLAP A CHÂN I DDUW, yn dal mewn print (pris £7.95), ynghyd â'r llyfryn geiriau (pris £1.95).

Rydym hefyd yn cyhoeddi nifer fawr o lyfrau cerdd eraill poblogaidd. Mae'r manylion yn ein **Catalog 80-tudalen:** ar gael yn rhad ac am ddim gyda throad y post!

**ylLolfa**

*TALYBONT, CEREDIGION, CYMRU SY24 5HE*
*ffôn (0970) 832304, ffacs 832782*